ÁRABE
VOCABULARIO

PALABRAS MÁS USADAS

ESPAÑOL-ÁRABE

Las palabras más útiles
Para expandir su vocabulario y refinar
sus habilidades lingüísticas

5000 palabras

Vocabulario Español-Árabe - 5000 palabras más usadas
por Andrey Taranov

Los vocabularios de T&P Books buscan ayudar en el aprendizaje, la memorización y la revisión de palabras de idiomas extranjeros. El diccionario se divide por temas, cubriendo toda la esfera de las actividades cotidianas, de negocios, ciencias, cultura, etc.

El proceso de aprendizaje de palabras utilizando los diccionarios temáticos de T&P Books le proporcionará a usted las siguientes ventajas:

- La información del idioma secundario está organizada claramente y predetermina el éxito para las etapas subsiguientes en la memorización de palabras.
- Las palabras derivadas de la misma raíz se agrupan, lo cual permite la memorización de grupos de palabras en vez de palabras aisladas.
- Las unidades pequeñas de palabras facilitan el proceso de reconocimiento de enlaces de asociación que se necesitan para la cohesión del vocabulario.
- De este modo, se puede estimar el número de palabras aprendidas y así también el nivel de conocimiento del idioma.

Copyright © 2024 T&P Books Publishing

Todos los derechos reservados. Ninguna porción de este libro puede reproducirse o utilizarse de ninguna manera o por ningún medio; sea electrónico o mecánico, lo cual incluye la fotocopia, grabación o información almacenada y sistemas de recuperación, sin el permiso escrito de la editorial.

T&P Books Publishing
www.tpbooks.com

ISBN: 978-1-78716-739-1

Este libro está disponible en formato electrónico o de E-Book también.
Visite www.tpbooks.com o las librerías electrónicas más destacadas en la Red.

VOCABULARIO ÁRABE
palabras más usadas

Los vocabularios de T&P Books buscan ayudar al aprendiz a aprender, memorizar y repasar palabras de idiomas extranjeros. Los vocabularios contienen más de 5000 palabras comúnmente usadas y organizadas de manera temática.

- El vocabulario contiene las palabras corrientes más usadas.
- Se recomienda como ayuda adicional a cualquier curso de idiomas.
- Capta las necesidades de aprendices de nivel principiante y avanzado.
- Es conveniente para uso cotidiano, prácticas de revisión y actividades de auto-evaluación.
- Facilita la evaluación del vocabulario.

Aspectos claves del vocabulario

- Las palabras se organizan según el significado, no según el orden alfabético.
- Las palabras se presentan en tres columnas para facilitar los procesos de repaso y auto-evaluación.
- Los grupos de palabras se dividen en pequeñas secciones para facilitar el proceso de aprendizaje.
- El vocabulario ofrece una transcripción sencilla y conveniente de cada palabra extranjera.

El vocabulario contiene 155 temas que incluyen lo siguiente:

Conceptos básicos, números, colores, meses, estaciones, unidades de medidas, ropa y accesorios, comida y nutrición, restaurantes, familia nuclear, familia extendida, características de personalidad, sentimientos, emociones, enfermedades, la ciudad y el pueblo, exploración del paisaje, compras, finanzas, la casa, el hogar, la oficina, el trabajo en oficina, importación y exportación, promociones, búsqueda de trabajo, deportes, educación, computación, la red, herramientas, la naturaleza, los países, las nacionalidades y más ...

TABLA DE CONTENIDO

GUÍA DE PRONUNCIACIÓN	9
ABREVIATURAS	10

CONCEPTOS BÁSICOS 11
Conceptos básicos. Unidad 1 11

1. Los pronombres 11
2. Saludos. Salutaciones. Despedidas 11
3. Como dirigirse a otras personas 12
4. Números cardinales. Unidad 1 12
5. Números cardinales. Unidad 2 13
6. Números ordinales 14
7. Números. Fracciones 14
8. Números. Operaciones básicas 14
9. Números. Miscelánea 14
10. Los verbos más importantes. Unidad 1 15
11. Los verbos más importantes. Unidad 2 16
12. Los verbos más importantes. Unidad 3 17
13. Los verbos más importantes. Unidad 4 18
14. Los colores 18
15. Las preguntas 19
16. Las preposiciones 20
17. Las palabras útiles. Los adverbios. Unidad 1 20
18. Las palabras útiles. Los adverbios. Unidad 2 22

Conceptos básicos. Unidad 2 24

19. Los días de la semana 24
20. Las horas. El día y la noche 24
21. Los meses. Las estaciones 25
22. Las unidades de medida 27
23. Contenedores 27

EL SER HUMANO 29
El ser humano. El cuerpo 29

24. La cabeza 29
25. El cuerpo 30

La ropa y los accesorios 31

26. La ropa exterior. Los abrigos 31
27. Ropa de hombre y mujer 31

28. La ropa. La ropa interior	32
29. Gorras	32
30. El calzado	32
31. Accesorios personales	33
32. La ropa. Miscelánea	33
33. Productos personales. Cosméticos	34
34. Los relojes	35

La comida y la nutrición	**36**
35. La comida	36
36. Las bebidas	37
37. Las verduras	38
38. Las frutas. Las nueces	39
39. El pan. Los dulces	40
40. Los platos	40
41. Las especias	41
42. Las comidas	42
43. Los cubiertos	42
44. El restaurante	43

La familia nuclear, los parientes y los amigos	**44**
45. La información personal. Los formularios	44
46. Los familiares. Los parientes	44

La medicina	**46**
47. Las enfermedades	46
48. Los síntomas. Los tratamientos. Unidad 1	47
49. Los síntomas. Los tratamientos. Unidad 2	48
50. Los síntomas. Los tratamientos. Unidad 3	49
51. Los médicos	50
52. La medicina. Las drogas. Los accesorios	50

EL AMBIENTE HUMANO	**52**
La ciudad	**52**
53. La ciudad. La vida en la ciudad	52
54. Las instituciones urbanas	53
55. Los avisos	54
56. El transporte urbano	55
57. El turismo. La excursión	56
58. Las compras	57
59. El dinero	58
60. La oficina de correos	59

La vivienda. La casa. El hogar	**60**
61. La casa. La electricidad	60

62.	La villa. La mansión	60
63.	El apartamento	60
64.	Los muebles. El interior	61
65.	Los accesorios de cama	62
66.	La cocina	62
67.	El baño	63
68.	Los aparatos domésticos	64

LAS ACTIVIDADES DE LA GENTE	**65**
El trabajo. Los negocios. Unidad 1	**65**

69.	La oficina. El trabajo de oficina	65
70.	Los procesos de negocio. Unidad 1	66
71.	Los procesos de negocio. Unidad 2	67
72.	La producción. Los trabajos	68
73.	El contrato. El acuerdo	69
74.	Importación y exportación	70
75.	Las finanzas	70
76.	La mercadotecnia	71
77.	La publicidad	71
78.	La banca	72
79.	El teléfono. Las conversaciones telefónicas	73
80.	El teléfono celular	74
81.	Los artículos de escritorio. La papelería	74
82.	Tipos de negocios	74

El trabajo. Los negocios. Unidad 2	**77**

83.	La exhibición. La feria comercial	77
84.	La ciencia. La investigación. Los científicos	78

Las profesiones y los oficios	**79**

85.	La búsqueda de trabajo. El despido	79
86.	Los negociantes	79
87.	Los trabajos de servicio	80
88.	La profesión militar y los rangos	81
89.	Los oficiales. Los sacerdotes	82
90.	Las profesiones agrícolas	82
91.	Las profesiones artísticas	83
92.	Profesiones diversas	83
93.	Los trabajos. El estatus social	85

La educación	**86**

94.	La escuela	86
95.	Los institutos. La Universidad	87
96.	Las ciencias. Las disciplinas	88
97.	Los sistemas de escritura. La ortografía	88
98.	Los idiomas extranjeros	89

El descanso. El entretenimiento. El viaje 91

99. Las vacaciones. El viaje 91
100. El hotel 91

EL EQUIPO TÉCNICO. EL TRANSPORTE 93
El equipo técnico 93

101. El computador 93
102. El internet. El correo electrónico 94
103. La electricidad 95
104. Las herramientas 95

El transporte 98

105. El avión 98
106. El tren 99
107. El barco 100
108. El aeropuerto 101

Acontecimentos de la vida 103

109. Los días festivos. Los eventos 103
110. Los funerales. El entierro 104
111. La guerra. Los soldados 104
112. La guerra. El ámbito militar. Unidad 1 105
113. La guerra. El ámbito militar. Unidad 2 107
114. Las armas 108
115. Los pueblos antiguos 110
116. La Edad Media 110
117. El líder. El jefe. Las autoridades 112
118. Violar la ley. Los criminales. Unidad 1 113
119. Violar la ley. Los criminales. Unidad 2 114
120. La policía. La ley. Unidad 1 115
121. La policía. La ley. Unidad 2 116

LA NATURALEZA 118
La tierra. Unidad 1 118

122. El espacio 118
123. La tierra 119
124. Los puntos cardinales 120
125. El mar. El océano 120
126. Los nombres de los mares y los océanos 121
127. Las montañas 122
128. Los nombres de las montañas 123
129. Los ríos 123
130. Los nombres de los ríos 124
131. El bosque 124
132. Los recursos naturales 125

La tierra. Unidad 2   127

133. El tiempo   127
134. Los eventos climáticos severos. Los desastres naturales   128

La fauna   129

135. Los mamíferos. Los predadores   129
136. Los animales salvajes   129
137. Los animales domésticos   130
138. Los pájaros   131
139. Los peces. Los animales marinos   133
140. Los anfibios. Los reptiles   133
141. Los insectos   134

La flora   135

142. Los árboles   135
143. Los arbustos   135
144. Las frutas. Las bayas   136
145. Las flores. Las plantas   137
146. Los cereales, los granos   138

LOS PAÍSES. LAS NACIONALIDADES   139

147. Europa occidental   139
148. Europa central y oriental   139
149. Los países de la antes Unión Soviética   140
150. Asia   140
151. América del Norte   141
152. Centroamérica y Sudamérica   141
153. África   142
154. Australia. Oceanía   142
155. Las ciudades   142

GUÍA DE PRONUNCIACIÓN

T&P alfabeto fonético	Ejemplo Árabe	Ejemplo español
[a]	[ṭaffa] طفى	radio
[ā]	[ixtār] إختار	contraataque
[e]	[hamburger] هامبورجر	verano
[i]	[zifāf] زفاف	ilegal
[ī]	[abrīl] أبريل	destino
[u]	[kalkutta] كلكتا	mundo
[ū]	[ʒāmūs] جاموس	nocturna
[b]	[bidāya] بداية	en barco
[d]	[saʿāda] سعادة	desierto
[ḍ]	[waḍʿ] وضع	[d] faríngea
[ʒ]	[arʒantīn] الأرجنتين	adyacente
[ð]	[tiðkār] تذكار	alud
[ẓ]	[ẓahar] ظهر	[z] faríngea
[f]	[xafīf] خفيف	golf
[g]	[gūlf] جولف	jugada
[h]	[ittiʒāh] إتجاه	registro
[ḥ]	[aḥabb] أحب	[h] faríngea
[y]	[ðahabiy] ذهبي	asiento
[k]	[kursiy] كرسي	charco
[l]	[lamaḥ] لمح	lira
[m]	[marṣad] مرصد	nombre
[n]	[ʒanūb] جنوب	sonar
[p]	[kaputʃīnu] كابتشينو	precio
[q]	[waθīq] وثيق	catástrofe
[r]	[rūḥ] روح	era, alfombra
[s]	[suxriyya] سخرية	salva
[ṣ]	[miʿṣam] معصم	[s] faríngea
[ʃ]	[ʿaʃāʾ] عشاء	shopping
[t]	[tannūb] تنوب	torre
[ṭ]	[xarīṭa] خريطة	[t] faríngea
[θ]	[mamūθ] ماموث	pinzas
[v]	[vitnām] فيتنام	travieso
[w]	[waddaʿ] ودع	acuerdo
[x]	[baxīl] بخيل	reloj
[ɣ]	[taɣadda] تغدى	amigo, magnífico
[z]	[māʿiz] ماعز	desde
[ʿ] (ayn)	[sabʿa] سبعة	fricativa faríngea sonora
[ʾ] (hamza)	[saʾal] سأل	oclusiva glotal sorda

ABREVIATURAS
usadas en el vocabulario

Abreviatura en Árabe

du	-	sustantivo plural (doble)
f	-	sustantivo femenino
m	-	sustantivo masculino
pl	-	plural

Abreviatura en español

adj	-	adjetivo
adv	-	adverbio
anim.	-	animado
conj	-	conjunción
etc.	-	etcétera
f	-	sustantivo femenino
f pl	-	femenino plural
fam.	-	uso familiar
fem.	-	femenino
form.	-	uso formal
inanim.	-	inanimado
innum.	-	innumerable
m	-	sustantivo masculino
m pl	-	masculino plural
m, f	-	masculino, femenino
masc.	-	masculino
mat	-	matemáticas
mil.	-	militar
num.	-	numerable
p.ej.	-	por ejemplo
pl	-	plural
pron	-	pronombre
sg	-	singular
v aux	-	verbo auxiliar
vi	-	verbo intransitivo
vi, vt	-	verbo intransitivo, verbo transitivo
vr	-	verbo reflexivo
vt	-	verbo transitivo

CONCEPTOS BÁSICOS

Conceptos básicos. Unidad 1

1. Los pronombres

yo	ana	أنا
tú (masc.)	anta	أنت
tú (fem.)	anti	أنت
él	huwa	هو
ella	hiya	هي
nosotros, -as	naḥnu	نحن
vosotros, -as	antum	أنتم
ellos, ellas	hum	هم

2. Saludos. Salutaciones. Despedidas

¡Hola! (form.)	as salāmu ʿalaykum!	السلام عليكم!
¡Buenos días!	ṣabāḥ al χayr!	صباح الخير!
¡Buenas tardes!	nahārak saʿīd!	نهارك سعيد!
¡Buenas noches!	masāʾ al χayr!	مساء الخير!
decir hola	sallam	سلّم
¡Hola! (a un amigo)	salām!	سلام!
saludo (m)	salām (m)	سلام
saludar (vt)	sallam ʿala	سلّم على
¿Cómo estás?	kayfa ḥāluka?	كيف حالك؟
¿Qué hay de nuevo?	ma aχbārak?	ما أخبارك؟
¡Chau! ¡Adiós!	maʿ as salāma!	مع السلامة!
¡Hasta pronto!	ilal liqāʾ!	إلى اللقاء!
¡Adiós!	maʿ as salāma!	مع السلامة!
despedirse (vr)	waddaʿ	ودّع
¡Hasta luego!	bay bay!	باي باي!
¡Gracias!	ʃukran!	شكراً!
¡Muchas gracias!	ʃukran ʒazīlan!	شكراً جزيلاً!
De nada	ʿafwan	عفواً
No hay de qué	la ʃukr ʿala wāʒib	لا شكر على واجب
De nada	al ʿafw	العفو
¡Disculpa!	ʿan iðnak!	عن أذنك!
¡Disculpe!	ʿafwan!	عفواً!!
disculpar (vt)	ʿaðar	عذر
disculparse (vr)	iʾtaðar	إعتذر
Mis disculpas	ana ʾāsif	أنا آسف

¡Perdóneme!	la tu'āχiðni!	!لا تؤاخذني
perdonar (vt)	'afa	عفا
por favor	min faḍlak	من فضلك
¡No se le olvide!	la tansa!	!لا تنس
¡Ciertamente!	ṭab'an!	!طبعًا
¡Claro que no!	abadan!	!أبدًا
¡De acuerdo!	ittafaqna!	!إتّفقنا
¡Basta!	kifāya!	!كفاية

3. Como dirigirse a otras personas

señor	ya sayyid	يا سيّد
señora	ya sayyida	يا سيدة
señorita	ya 'ānisa	يا آنسة
joven	ya ustāð	يا أستاذ
niño	ya bni	يا بني
niña	ya binti	يا بنتي

4. Números cardinales. Unidad 1

cero	ṣifr	صفر
uno	wāḥid	واحد
una	wāḥida	واحدة
dos	iθnān	إثنان
tres	θalāθa	ثلاثة
cuatro	arba'a	أربعة
cinco	χamsa	خمسة
seis	sitta	ستّة
siete	sab'a	سبعة
ocho	θamāniya	ثمانية
nueve	tis'a	تسعة
diez	'aʃara	عشرة
once	aḥad 'aʃar	أحد عشر
doce	iθnā 'aʃar	إثنا عشر
trece	θalāθat 'aʃar	ثلاثة عشر
catorce	arba'at 'aʃar	أربعة عشر
quince	χamsat 'aʃar	خمسة عشر
dieciséis	sittat 'aʃar	ستّة عشر
diecisiete	sab'at 'aʃar	سبعة عشر
dieciocho	θamāniyat 'aʃar	ثمانية عشر
diecinueve	tis'at 'aʃar	تسعة عشر
veinte	'iʃrūn	عشرون
veintiuno	wāḥid wa 'iʃrūn	واحد وعشرون
veintidós	iθnān wa 'iʃrūn	إثنان وعشرون
veintitrés	θalāθa wa 'iʃrūn	ثلاثة وعشرون
treinta	θalāθīn	ثلاثون
treinta y uno	wāḥid wa θalāθūn	واحد وثلاثون

treinta y dos	iθnān wa θalāθūn	إثنان وثلاثون
treinta y tres	θalāθa wa θalāθūn	ثلاثة وثلاثون
cuarenta	arbaʻūn	أربعون
cuarenta y uno	wāḥid wa arbaʻūn	واحد وأربعون
cuarenta y dos	iθnān wa arbaʻūn	إثنان وأربعون
cuarenta y tres	θalāθa wa arbaʻūn	ثلاثة وأربعون
cincuenta	χamsūn	خمسون
cincuenta y uno	wāḥid wa χamsūn	واحد وخمسون
cincuenta y dos	iθnān wa χamsūn	إثنان وخمسون
cincuenta y tres	θalāθa wa χamsūn	ثلاثة وخمسون
sesenta	sittūn	ستّون
sesenta y uno	wāḥid wa sittūn	واحد وستّون
sesenta y dos	iθnān wa sittūn	إثنان وستّون
sesenta y tres	θalāθa wa sittūn	ثلاثة وستّون
setenta	sabʻūn	سبعون
setenta y uno	wāḥid wa sabʻūn	واحد وسبعون
setenta y dos	iθnān wa sabʻūn	إثنان وسبعون
setenta y tres	θalāθa wa sabʻūn	ثلاثة وسبعون
ochenta	θamānūn	ثمانون
ochenta y uno	wāḥid wa θamānūn	واحد وثمانون
ochenta y dos	iθnān wa θamānūn	إثنان وثمانون
ochenta y tres	θalāθa wa θamānūn	ثلاثة وثمانون
noventa	tisʻūn	تسعون
noventa y uno	wāḥid wa tisʻūn	واحد وتسعون
noventa y dos	iθnān wa tisʻūn	إثنان وتسعون
noventa y tres	θalāθa wa tisʻūn	ثلاثة وتسعون

5. Números cardinales. Unidad 2

cien	miʾa	مائة
doscientos	miʾatān	مائتان
trescientos	θalāθumiʾa	ثلاثمائة
cuatrocientos	rubʻumiʾa	أربعمائة
quinientos	χamsumiʾa	خمسمائة
seiscientos	sittumiʾa	ستّمائة
setecientos	sabʻumiʾa	سبعمائة
ochocientos	θamānimiʾa	ثمانمائة
novecientos	tisʻumiʾa	تسعمائة
mil	alf	ألف
dos mil	alfān	ألفان
tres mil	θalāθat ʾālāf	ثلاثة آلاف
diez mil	ʻaʃarat ʾālāf	عشرة آلاف
cien mil	miʾat alf	مائة ألف
millón (m)	milyūn (m)	مليون
mil millones	milyār (m)	مليار

6. Números ordinales

primero (adj)	awwal	أوَّل
segundo (adj)	θāni	ثانٍ
tercero (adj)	θāliθ	ثالث
cuarto (adj)	rābiʻ	رابع
quinto (adj)	χāmis	خامس
sexto (adj)	sādis	سادس
séptimo (adj)	sābiʻ	سابع
octavo (adj)	θāmin	ثامن
noveno (adj)	tāsiʻ	تاسع
décimo (adj)	ʻāʃir	عاشر

7. Números. Fracciones

fracción (f)	kasr (m)	كسر
un medio	niṣf	نصف
un tercio	θulθ	ثلث
un cuarto	rubʻ	ربع
un octavo	θumn	ثمن
un décimo	ʻuʃr	عشر
dos tercios	θulθān	ثلثان
tres cuartos	talātit arbāʻ	ثلاثة أرباع

8. Números. Operaciones básicas

sustracción (f)	ṭarḥ (m)	طرح
sustraer (vt)	ṭaraḥ	طرح
división (f)	qisma (f)	قسمة
dividir (vt)	qasam	قسم
adición (f)	ӡamʻ (m)	جمع
sumar (totalizar)	ӡamaʻ	جمع
adicionar (vt)	ӡamaʻ	جمع
multiplicación (f)	ḍarb (m)	ضرب
multiplicar (vt)	ḍarab	ضرب

9. Números. Miscelánea

cifra (f)	raqm (m)	رقم
número (m) (~ cardinal)	ʻadad (m)	عدد
numeral (m)	ism al ʻadad (m)	إسم العدد
menos (m)	nāqiṣ (m)	ناقص
más (m)	zāʼid (m)	زائد
fórmula (f)	ṣīɣa (f)	صيغة
cálculo (m)	ḥisāb (m)	حساب
contar (vt)	ʻadd	عدّ

calcular (vt)	ḥasab	حسب
comparar (vt)	qāran	قارن
¿Cuánto?	kam?	كم؟
suma (f)	maʒmūʿ (m)	مجموع
resultado (m)	natīʒa (f)	نتيجة
resto (m)	al bāqi (m)	الباقي
algunos, algunas ...	ʿiddat	عدّة
poco (adv)	qalīl	قليل
resto (m)	al bāqi (m)	الباقي
uno y medio	wāḥid wa niṣf (m)	واحد ونصف
docena (f)	iθnā ʿaʃar (f)	إثنا عشر
en dos	ila ʃaṭrayn	إلى شطرين
en partes iguales	bit tasāwi	بالتساوي
mitad (f)	niṣf (m)	نصف
vez (f)	marra (f)	مرّة

10. Los verbos más importantes. Unidad 1

abrir (vt)	fataḥ	فتح
acabar, terminar (vt)	atamm	أتمّ
aconsejar (vt)	naṣaḥ	نصح
adivinar (vt)	xamman	خمّن
advertir (vt)	ḥaððar	حذّر
alabarse, jactarse (vr)	tabāha	تباهى
almorzar (vi)	taɣadda	تغدّى
alquilar (~ una casa)	istaʾʒar	إستأجر
amenazar (vt)	haddad	هدّد
arrepentirse (vr)	nadim	ندم
ayudar (vt)	sāʿad	ساعد
bañarse (vr)	sabaḥ	سبح
bromear (vi)	mazaḥ	مزح
buscar (vt)	baḥaθ	بحث
caer (vi)	saqaṭ	سقط
callarse (vr)	sakat	سكت
cambiar (vt)	ɣayyar	غيّر
castigar, punir (vt)	ʿāqab	عاقب
cavar (vt)	ḥafar	حفر
cazar (vi, vt)	iṣṭād	إصطاد
cenar (vi)	taʿaʃʃa	تعشّى
cesar (vt)	tawaqqaf	توقّف
coger (vt)	amsak	أمسك
comenzar (vt)	badaʾ	بدأ
comparar (vt)	qāran	قارن
comprender (vt)	fahim	فهم
confiar (vt)	waθiq	وثق
confundir (vt)	ixtalaṭ	إختلط
conocer (~ a alguien)	ʿaraf	عرف

contar (vt) (enumerar)	'add	عدّ
contar con …	i'tamad 'ala …	إعتمد على…
continuar (vt)	istamarr	إستمرّ
controlar (vt)	taḥakkam	تحكّم
correr (vi)	ʒara	جرى
costar (vt)	kallaf	كلّف
crear (vt)	xalaq	خلق

11. Los verbos más importantes. Unidad 2

dar (vt)	a'ṭa	أعطى
dar una pista	a'ṭa talmīḥ	أعطى تلميحًا
decir (vt)	qāl	قال
decorar (para la fiesta)	zayyan	زيّن
defender (vt)	dāfa'	دافع
dejar caer	awqa'	أوقع
desayunar (vi)	afṭar	أفطر
descender (vi)	nazil	نزل
dirigir (administrar)	adār	أدار
disculparse (vr)	i'taðar	إعتذر
discutir (vt)	nāqaʃ	ناقش
dudar (vt)	ʃakk fi	شكّ في
encontrar (hallar)	waʒad	وجد
engañar (vi, vt)	xada'	خدع
entrar (vi)	daxal	دخل
enviar (vt)	arsal	أرسل
equivocarse (vr)	axṭa'	أخطأ
escoger (vt)	ixtār	إختار
esconder (vt)	xaba'	خبأ
escribir (vt)	katab	كتب
esperar (aguardar)	intazar	إنتظر
esperar (tener esperanza)	tamanna	تمنّى
estar de acuerdo	ittafaq	إتّفق
estudiar (vt)	daras	درس
exigir (vt)	ṭālib	طالب
existir (vi)	kān mawʒūd	كان موجودًا
explicar (vt)	ʃaraḥ	شرح
faltar (a las clases)	ɣāb	غاب
firmar (~ el contrato)	waqqa'	وقّع
girar (~ a la izquierda)	in'aṭaf	إنعطف
gritar (vi)	ṣarax	صرخ
guardar (conservar)	ḥafaẓ	حفظ
gustar (vi)	a'ʒab	أعجب
hablar (vi, vt)	takallam	تكلّم
hacer (vt)	'amal	عمل
informar (vt)	axbar	أخبر

insistir (vi)	aṣarr	أصرّ
insultar (vt)	ahān	أهان
interesarse (vr)	ihtamm	إهتمّ
invitar (vt)	daʿa	دعا
ir (a pie)	maʃa	مشى
jugar (divertirse)	laʿib	لعب

12. Los verbos más importantes. Unidad 3

leer (vi, vt)	qaraʾ	قرأ
liberar (ciudad, etc.)	ḥarrar	حرّر
llamar (por ayuda)	istayāθ	إستغاث
llegar (vi)	waṣal	وصل
llorar (vi)	baka	بكى
matar (vt)	qatal	قتل
mencionar (vt)	ðakar	ذكر
mostrar (vt)	ʿaraḍ	عرض
nadar (vi)	sabaḥ	سبح
negarse (vr)	rafaḍ	رفض
objetar (vt)	iʿtaraḍ	إعترض
observar (vt)	rāqab	راقب
oír (vt)	samiʿ	سمع
olvidar (vt)	nasiy	نسي
orar (vi)	ṣalla	صلّى
ordenar (mil.)	amar	أمر
pagar (vi, vt)	dafaʿ	دفع
pararse (vr)	waqaf	وقف
participar (vi)	iʃtarak	إشترك
pedir (ayuda, etc.)	ṭalab	طلب
pedir (en restaurante)	ṭalab	طلب
pensar (vi, vt)	ẓann	ظنّ
percibir (ver)	lāḥaẓ	لاحظ
perdonar (vt)	ʿafa	عفا
permitir (vt)	raxxaṣ	رخّص
pertenecer a ...	xaṣṣ	خصّ
planear (vt)	xaṭṭaṭ	خطّط
poder (v aux)	istaṭāʿ	إستطاع
poseer (vt)	malak	ملك
preferir (vt)	faḍḍal	فضّل
preguntar (vt)	saʾal	سأل
preparar (la cena)	ḥaḍḍar	حضّر
prever (vt)	tanabbaʾ	تنبّأ
probar, tentar (vt)	ḥāwal	حاول
prometer (vt)	waʿad	وعد
pronunciar (vt)	naṭaq	نطق
proponer (vt)	iqtaraḥ	إقترح

quebrar (vt)	kasar	كسر
quejarse (vr)	ʃaka	شكا
querer (amar)	aḥabb	أحبّ
querer (desear)	arād	أراد

13. Los verbos más importantes. Unidad 4

recomendar (vt)	naṣaḥ	نصح
regañar, reprender (vt)	wabbax	وبّخ
reírse (vr)	ḍaḥik	ضحك
repetir (vt)	karrar	كرّر
reservar (~ una mesa)	ḥaʒaz	حجز
responder (vi, vt)	aʒāb	أجاب

robar (vt)	saraq	سرق
saber (~ algo mas)	ʻaraf	عرف
salir (vi)	xaraʒ	خرج
salvar (vt)	anqað	أنقذ
seguir ...	tabaʻ	تبع
sentarse (vr)	ʒalas	جلس

ser necesario	kān maṭlūb	كان مطلوبا
ser, estar (vi)	kān	كان
significar (vt)	ʻana	عنى
sonreír (vi)	ibtasam	إبتسم
sorprenderse (vr)	indahaʃ	إندهش

subestimar (vt)	istaxaff	إستخفّ
tener (vt)	malak	ملك
tener hambre	arād an yaʼkul	أراد أن يأكل
tener miedo	xāf	خاف

tener prisa	istaʻʒal	إستعجل
tener sed	arād an yaʃrab	أراد أن يشرب
tirar, disparar (vi)	aṭlaq an nār	أطلق النار
tocar (con las manos)	lamas	لمس
tomar (vt)	axað	أخذ
tomar nota	katab	كتب

trabajar (vi)	ʻamal	عمل
traducir (vt)	tarʒam	ترجم
unir (vt)	waḥḥad	وحّد
vender (vt)	bāʻ	باع
ver (vt)	raʼa	رأى
volar (pájaro, avión)	ṭār	طار

14. Los colores

color (m)	lawn (m)	لون
matiz (m)	daraʒat al lawn (m)	درجة اللون
tono (m)	ṣabγit lūn (f)	لون
arco (m) iris	qaws quzaḥ (m)	قوس قزح

blanco (adj)	abyaḍ	أبيض
negro (adj)	aswad	أسود
gris (adj)	ramādiy	رمادي
verde (adj)	axḍar	أخضر
amarillo (adj)	aṣfar	أصفر
rojo (adj)	aḥmar	أحمر
azul (adj)	azraq	أزرق
azul claro (adj)	azraq fātiḥ	أزرق فاتح
rosa (adj)	wardiy	وردي
naranja (adj)	burtuqāliy	برتقالي
violeta (adj)	banafsaʒiy	بنفسجي
marrón (adj)	bunniy	بني
dorado (adj)	ðahabiy	ذهبي
argentado (adj)	fiḍḍiy	فضي
beige (adj)	bɛːʒ	بيج
crema (adj)	ʿāʒiy	عاجي
turquesa (adj)	fayrūziy	فيروزي
rojo cereza (adj)	karaziy	كرزي
lila (adj)	laylakiy	ليلكي
carmesí (adj)	qirmiziy	قرمزي
claro (adj)	fātiḥ	فاتح
oscuro (adj)	ɣāmiq	غامق
vivo (adj)	zāhi	زاه
de color (lápiz ~)	mulawwan	ملوّن
en colores (película ~)	mulawwan	ملوّن
blanco y negro (adj)	abyaḍ wa aswad	أبيض وأسود
unicolor (adj)	waḥīd al lawn, sāda	وحيد اللون, سادة
multicolor (adj)	mutaʿaddid al alwān	متعدّد الألوان

15. Las preguntas

¿Quién?	man?	من؟
¿Qué?	māða?	ماذا؟
¿Dónde?	ayna?	أين؟
¿Adónde?	ila ayna?	إلى أين؟
¿De dónde?	min ayna?	من أين؟
¿Cuándo?	mata?	متى؟
¿Para qué?	li māða?	لماذا؟
¿Por qué?	li māða?	لماذا؟
¿Por qué razón?	li māða?	لماذا؟
¿Cómo?	kayfa?	كيف؟
¿Qué …? (~ color)	ay?	أيّ؟
¿Cuál?	ay?	أيّ؟
¿A quién?	li man?	لمن؟
¿De quién? (~ hablan …)	ʿamman?	عمّن؟
¿De qué?	ʿamma?	عمّا؟

¿Con quién?	maʻ man?	مع من؟
¿Cuánto?	kam?	كم؟
¿De quién? (~ es este ...)	li man?	لمن؟

16. Las preposiciones

con ... (~ algn)	maʻ	مع
sin ... (~ azúcar)	bi dūn	بدون
a ... (p.ej. voy a México)	ila	إلى
de ... (hablar ~)	ʻan	عن
antes de ...	qabl	قبل
delante de ...	amām	أمام
debajo	taḥt	تحت
sobre ..., encima de ...	fawq	فوق
en, sobre (~ la mesa)	ʻala	على
de (origen)	min	من
de (fabricado de)	min	من
dentro de ...	baʻd	بعد
encima de ...	ʻabr	عبر

17. Las palabras útiles. Los adverbios. Unidad 1

¿Dónde?	ayna?	أين؟
aquí (adv)	huna	هنا
allí (adv)	hunāk	هناك
en alguna parte	fi makānin ma	في مكان ما
en ninguna parte	la fi ay makān	لا في أي مكان
junto a ...	bi ʒānib	بجانب
junto a la ventana	bi ʒānib aʃ ʃubbāk	بجانب الشباك
¿A dónde?	ila ayna?	إلى أين؟
aquí (venga ~)	huna	هنا
allí (vendré ~)	hunāk	هناك
de aquí (adv)	min huna	من هنا
de allí (adv)	min hunāk	من هناك
cerca (no lejos)	qarīban	قريبًا
lejos (adv)	baʻīdan	بعيدًا
cerca de ...	ʻind	عند
al lado (de ...)	qarīban	قريبًا
no lejos (adv)	ɣayr baʻīd	غير بعيد
izquierdo (adj)	al yasār	اليسار
a la izquierda (situado ~)	ʻalaʃ ʃimāl	على الشمال
a la izquierda (girar ~)	ilaʃ ʃimāl	إلى الشمال
derecho (adj)	al yamīn	اليمين
a la derecha (situado ~)	ʻalal yamīn	على اليمين

a la derecha (girar)	Ilal yamīn	إلى اليمين
delante (yo voy ~)	min al amām	من الأمام
delantero (adj)	amāmiy	أمامي
adelante (movimiento)	ilal amām	إلى الأمام
detrás de …	warā'	وراء
desde atrás	min al warā'	من الوراء
atrás (da un paso ~)	ilal warā'	إلى الوراء
centro (m), medio (m)	wasaṭ (m)	وسط
en medio (adv)	fil wasat	في الوسط
de lado (adv)	bi ʒānib	بجانب
en todas partes	fi kull makān	في كل مكان
alrededor (adv)	ḥawl	حول
de dentro (adv)	min ad dāχil	من الداخل
a alguna parte	ila ayy makān	إلى أيّ مكان
todo derecho (adv)	bi aqṣar ṭarīq	بأقصر طريق
atrás (muévelo para ~)	ʾīyāban	إياباً
de alguna parte (adv)	min ayy makān	من أي مكان
no se sabe de dónde	min makānin ma	من مكان ما
primero (adv)	awwalan	أوّلاً
segundo (adv)	θāniyan	ثانياً
tercero (adv)	θāliθan	ثالثاً
de súbito (adv)	faʒ'a	فجأة
al principio (adv)	fil bidāya	في البداية
por primera vez	li 'awwal marra	لأوّل مرّة
mucho tiempo antes …	qabl … bi mudda ṭawīla	قبل...بمدّة طويلة
de nuevo (adv)	min ʒadīd	من جديد
para siempre (adv)	ilal abad	إلى الأبد
jamás, nunca (adv)	abadan	أبداً
de nuevo (adv)	min ʒadīd	من جديد
ahora (adv)	al 'ān	الآن
frecuentemente (adv)	kaθīran	كثيراً
entonces (adv)	fi ðalika al waqt	في ذلك الوقت
urgentemente (adv)	'āʒilan	عاجلاً
usualmente (adv)	kal 'āda	كالعادة
a propósito, …	'ala fikra …	على فكرة...
es probable	min al mumkin	من الممكن
probablemente (adv)	la'alla	لعلّ
tal vez	min al mumkin	من الممكن
además …	bil iḍāfa ila ðalik …	بالإضافة إلى...
por eso …	li ðalik	لذلك
a pesar de …	bir raɣm min …	بالرغم من...
gracias a …	bi faḍl …	بفضل...
qué (pron)	allaði	الذي
que (conj)	anna	أنّ
algo (~ le ha pasado)	ʃay' (m)	شيء
algo (~ así)	ʃay' (m)	شيء

nada (f)	la ʃay'	لا شيء
quien	allaði	الذي
alguien (viene ~)	aḥad	أحد
alguien (¿ha llamado ~?)	aḥad	أحد

nadie	la aḥad	لا أحد
a ninguna parte	la ila ay makān	لا إلى أي مكان
de nadie	la yaχuṣṣ aḥad	لا يخص أحدًا
de alguien	li aḥad	لأحد

tan, tanto (adv)	hakaða	هكذا
también (~ habla francés)	kaðalika	كذلك
también (p.ej. Yo ~)	ayḍan	أيضًا

18. Las palabras útiles. Los adverbios. Unidad 2

¿Por qué?	li māða?	لماذا؟
no se sabe porqué	li sababin ma	لسبب ما
porque ...	li'anna ...	لأنّ...
por cualquier razón (adv)	li amr mā	لأمر ما

y (p.ej. uno y medio)	wa	و
o (p.ej. té o café)	aw	أو
pero (p.ej. me gusta, ~)	lakin	لكن
para (p.ej. es para ti)	li	لـ

demasiado (adv)	kaθīran ʒiddan	كثير جدًا
sólo, solamente (adv)	faqaṭ	فقط
exactamente (adv)	biḍ ḍabṭ	بالضبط
unos ..., cerca de ... (~ 10 kg)	naḥw	نحو

aproximadamente	taqrīban	تقريبًا
aproximado (adj)	taqrībiy	تقريبي
casi (adv)	taqrīban	تقريبًا
resto (m)	al bāqi (m)	الباقي

cada (adj)	kull	كلّ
cualquier (adj)	ayy	أيّ
mucho (adv)	kaθīr	كثير
muchos (mucha gente)	kaθīr min an nās	كثير من الناس
todos	kull an nās	كل الناس

a cambio de ...	muqābil ...	مقابل...
en cambio (adv)	muqābil	مقابل
a mano (hecho ~)	bil yad	باليد
poco probable	hayhāt	هيهات

probablemente	laʿalla	لعلّ
a propósito (adv)	qaṣdan	قصدا
por accidente (adv)	ṣudfa	صدفة

muy (adv)	ʒiddan	جدًا
por ejemplo (adv)	maθalan	مثلًا

entre (~ nosotros)	bayn	بين
entre (~ otras cosas)	bayn	بين
tanto (~ gente)	haðihi al kammiyya	هذه الكمية
especialmente (adv)	xāṣṣa	خاصّة

Conceptos básicos. Unidad 2

19. Los días de la semana

lunes (m)	yawm al iθnayn (m)	يوم الإثنين
martes (m)	yawm aθ θulāθā' (m)	يوم الثلاثاء
miércoles (m)	yawm al arbi'ā' (m)	يوم الأربعاء
jueves (m)	yawm al χamīs (m)	يوم الخميس
viernes (m)	yawm al ʒum'a (m)	يوم الجمعة
sábado (m)	yawm as sabt (m)	يوم السبت
domingo (m)	yawm al aḥad (m)	يوم الأحد
hoy (adv)	al yawm	اليوم
mañana (adv)	ɣadan	غدًا
pasado mañana	ba'd ɣad	بعد غد
ayer (adv)	ams	أمس
anteayer (adv)	awwal ams	أوّل أمس
día (m)	yawm (m)	يوم
día (m) de trabajo	yawm 'amal (m)	يوم عمل
día (m) de fiesta	yawm al 'uṭla ar rasmiyya (m)	يوم العطلة الرسمية
día (m) de descanso	yawm 'uṭla (m)	يوم عطلة
fin (m) de semana	ayyām al 'uṭla (pl)	أيام العطلة
todo el día	ṭūl al yawm	طول اليوم
al día siguiente	fil yawm at tāli	في اليوم التالي
dos días atrás	min yawmayn	قبل يومين
en vísperas (adv)	fil yawm as sābiq	في اليوم السابق
diario (adj)	yawmiy	يومي
cada día (adv)	yawmiyyan	يوميًا
semana (f)	usbū' (m)	أسبوع
semana (f) pasada	fil isbū' al māḍi	في الأسبوع الماضي
semana (f) que viene	fil isbū' al qādim	في الأسبوع القادم
semanal (adj)	usbū'iy	أسبوعي
cada semana (adv)	usbū'iyyan	أسبوعيًا
2 veces por semana	marratayn fil usbū'	مرّتين في الأسبوع
todos los martes	kull yawm aθ θulaθā'	كلّ يوم الثلاثاء

20. Las horas. El día y la noche

mañana (f)	ṣabāḥ (m)	صباح
por la mañana	fiṣ ṣabāḥ	في الصباح
mediodía (m)	ẓuhr (m)	ظهر
por la tarde	ba'd aẓ ẓuhr	بعد الظهر
noche (f)	masā' (m)	مساء
por la noche	fil masā'	في المساء

noche (f) (p.ej. 2:00 a.m.)	layl (m)	ليل
por la noche	bil layl	بالليل
medianoche (f)	muntaṣif al layl (m)	منتصف الليل
segundo (m)	θāniya (f)	ثانية
minuto (m)	daqīqa (f)	دقيقة
hora (f)	sāʿa (f)	ساعة
media hora (f)	niṣf sāʿa (m)	نصف ساعة
cuarto (m) de hora	rubʿ sāʿa (f)	ربع ساعة
quince minutos	χamsat ʿaʃar daqīqa	خمس عشرة دقيقة
veinticuatro horas	yawm kāmil (m)	يوم كامل
salida (f) del sol	ʃurūq aʃ ʃams (m)	شروق الشمس
amanecer (m)	faʒr (m)	فجر
madrugada (f)	ṣabāḥ bākir (m)	صباح باكر
puesta (f) del sol	ɣurūb aʃ ʃams (m)	غروب الشمس
de madrugada	fis ṣabāḥ al bākir	في الصباح الباكر
esta mañana	al yawm fiṣ ṣabāḥ	اليوم في الصباح
mañana por la mañana	ɣadan fiṣ ṣabāḥ	غدًا في الصباح
esta tarde	al yawm baʿd aẓ ẓuhr	اليوم بعد الظهر
por la tarde	baʿd aẓ ẓuhr	بعد الظهر
mañana por la tarde	ɣadan baʿd aẓ ẓuhr	غدًا بعد الظهر
esta noche (p.ej. 8:00 p.m.)	al yawm fil masāʾ	اليوم في المساء
mañana por la noche	ɣadan fil masāʾ	غدًا في المساء
a las tres en punto	fis sāʿa aθ θāliθa tamāman	في الساعة الثالثة تماما
a eso de las cuatro	fis sāʿa ar rābiʿa taqrīban	في الساعة الرابعة تقريبا
para las doce	ḥattas sāʿa aθ θāniya ʿaʃara	حتى الساعة الثانية عشرة
dentro de veinte minutos	baʿd ʿiʃrīn daqīqa	بعد عشرين دقيقة
dentro de una hora	baʿd sāʿa	بعد ساعة
a tiempo (adv)	fi mawʿidih	في موعده
… menos cuarto	illa rubʿ	إلا ربع
durante una hora	ṭiwāl sāʿa	طوال الساعة
cada quince minutos	kull rubʿ sāʿa	كل ربع ساعة
día y noche	layl nahār	ليل نهار

21. Los meses. Las estaciones

enero (m)	yanāyir (m)	يناير
febrero (m)	fibrāyir (m)	فبراير
marzo (m)	māris (m)	مارس
abril (m)	abrīl (m)	أبريل
mayo (m)	māyu (m)	مايو
junio (m)	yūnyu (m)	يونيو
julio (m)	yūlyu (m)	يوليو
agosto (m)	aɣusṭus (m)	أغسطس
septiembre (m)	sibtambar (m)	سبتمبر
octubre (m)	uktūbir (m)	أكتوبر
noviembre (m)	nuvimbar (m)	نوفمبر

Español	Transliteración	Árabe
diciembre (m)	disimbar (m)	ديسمبر
primavera (f)	rabīʻ (m)	ربيع
en primavera	fir rabīʻ	في الربيع
de primavera (adj)	rabīʻiy	ربيعي
verano (m)	ṣayf (m)	صيف
en verano	fiṣ ṣayf	في الصيف
de verano (adj)	ṣayfiy	صيفي
otoño (m)	xarīf (m)	خريف
en otoño	fil xarīf	في الخريف
de otoño (adj)	xarīfiy	خريفي
invierno (m)	ʃitāʼ (m)	شتاء
en invierno	fiʃ ʃitāʼ	في الشتاء
de invierno (adj)	ʃitawiy	شتويّ
mes (m)	ʃahr (m)	شهر
este mes	fi haða aʃ ʃahr	في هذا الشهر
al mes siguiente	fiʃ ʃahr al qādim	في الشهر القادم
el mes pasado	fiʃ ʃahr al māḍi	في الشهر الماضي
hace un mes	qabl ʃahr	قبل شهر
dentro de un mes	baʻd ʃahr	بعد شهر
dentro de dos meses	baʻd ʃahrayn	بعد شهرين
todo el mes	ṭūl aʃ ʃahr	طول الشهر
todo un mes	ʃahr kāmil	شهر كامل
mensual (adj)	ʃahriy	شهريّ
mensualmente (adv)	kull ʃahr	كل شهر
cada mes	kull ʃahr	كل شهر
dos veces por mes	marratayn fiʃ ʃahr	مرّتين في الشهر
año (m)	sana (f)	سنة
este año	fi haðihi as sana	في هذه السنة
el próximo año	fis sana al qādima	في السنة القادمة
el año pasado	fis sana al māḍiya	في السنة الماضية
hace un año	qabla sana	قبل سنة
dentro de un año	baʻd sana	بعد سنة
dentro de dos años	baʻd sanatayn	بعد سنتين
todo el año	ṭūl as sana	طول السنة
todo un año	sana kāmila	سنة كاملة
cada año	kull sana	كل سنة
anual (adj)	sanawiy	سنويّ
anualmente (adv)	kull sana	كل سنة
cuatro veces por año	arbaʻ marrāt fis sana	أربع مرّات في السنة
fecha (f) (la ~ de hoy es …)	tarīx (m)	تاريخ
fecha (f) (~ de entrega)	tarīx (m)	تاريخ
calendario (m)	taqwīm (m)	تقويم
medio año (m)	niṣf sana (m)	نصف سنة
seis meses	niṣf sana (m)	نصف سنة
estación (f)	faṣl (m)	فصل
siglo (m)	qarn (m)	قرن

22. Las unidades de medida

peso (m)	wazn (m)	وزن
longitud (f)	ṭūl (m)	طول
anchura (f)	ʿarḍ (m)	عرض
altura (f)	irtifāʿ (m)	إرتفاع
profundidad (f)	ʿumq (m)	عمق
volumen (m)	ḥaӡm (m)	حجم
área (f)	misāḥa (f)	مساحة
gramo (m)	grām (m)	جرام
miligramo (m)	milliɣrām (m)	مليغرام
kilogramo (m)	kiluɣrām (m)	كيلوغرام
tonelada (f)	ṭunn (m)	طنّ
libra (f)	raṭl (m)	رطل
onza (f)	ūnṣa (f)	أونصة
metro (m)	mitr (m)	متر
milímetro (m)	millimitr (m)	مليمتر
centímetro (m)	santimitr (m)	سنتيمتر
kilómetro (m)	kilumitr (m)	كيلومتر
milla (f)	mīl (m)	ميل
pulgada (f)	būṣa (f)	بوصة
pie (m)	qadam (f)	قدم
yarda (f)	yārda (f)	ياردة
metro (m) cuadrado	mitr murabbaʿ (m)	متر مربّع
hectárea (f)	hiktār (m)	هكتار
litro (m)	litr (m)	لتر
grado (m)	daraӡa (f)	درجة
voltio (m)	vūlt (m)	فولت
amperio (m)	ambīr (m)	أمبير
caballo (m) de fuerza	ḥiṣān (m)	حصان
cantidad (f)	kammiyya (f)	كمّيّة
un poco de ...	qalīl ...	قليل...
mitad (f)	niṣf (m)	نصف
docena (f)	iθnā ʿaʃar (m)	إثنا عشر
pieza (f)	waḥda (f)	وحدة
dimensión (f)	ḥaӡm (m)	حجم
escala (f) (del mapa)	miqyās (m)	مقياس
mínimo (adj)	al adna	الأدنى
el más pequeño (adj)	al aṣɣar	الأصغر
medio (adj)	mutawassiṭ	متوسّط
máximo (adj)	al aqṣa	الأقصى
el más grande (adj)	al akbar	الأكبر

23. Contenedores

tarro (m) de vidrio	barṭamān (m)	برطمان
lata (f)	tanaka (f)	تنكة

cubo (m)	ʒardal (m)	جردل
barril (m)	barmīl (m)	برميل
palangana (f)	ḥawḍ lil ɣasīl (m)	حوض للغسيل
tanque (m)	xazzān (m)	خزّان
petaca (f) (de alcohol)	zamzamiyya (f)	زمزميّة
bidón (m) de gasolina	ʒirikan (m)	جركن
cisterna (f)	xazzān (m)	خزّان
taza (f) (mug de cerámica)	māgg (m)	ماجّ
taza (f) (~ de café)	finʒān (m)	فنجان
platillo (m)	ṭabaq finʒān (m)	طبق فنجان
vaso (m) (~ de agua)	kubbāya (f)	كبّاية
copa (f) (~ de vino)	ka's (f)	كأس
olla (f)	kassirūlla (f)	كاسرولة
botella (f)	zuʒāʒa (f)	زجاجة
cuello (m) de botella	'unq (m)	عنق
garrafa (f)	dawraq zuʒāʒiy (m)	دورق زجاجيّ
jarro (m) (~ de agua)	ibrīq (m)	إبريق
recipiente (m)	inā' (m)	إناء
tarro (m)	aṣīṣ (m)	أصيص
florero (m)	vāza (f)	فازة
frasco (m) (~ de perfume)	zuʒāʒa (f)	زجاجة
frasquito (m)	zuʒāʒa (f)	زجاجة
tubo (m)	umbūba (f)	أنبوبة
saco (m) (~ de azúcar)	kīs (m)	كيس
bolsa (f) (~ plástica)	kīs (m)	كيس
paquete (m) (~ de cigarrillos)	'ulba (f)	علبة
caja (f)	'ulba (f)	علبة
cajón (m) (~ de madera)	ṣundū' (m)	صندوق
cesta (f)	salla (f)	سلّة

EL SER HUMANO

El ser humano. El cuerpo

24. La cabeza

cabeza (f)	ra's (m)	رأس
cara (f)	waʒh (m)	وجه
nariz (f)	anf (m)	أنف
boca (f)	fam (m)	فم
ojo (m)	ʿayn (f)	عين
ojos (m pl)	ʿuyūn (pl)	عيون
pupila (f)	ḥadaqa (f)	حدقة
ceja (f)	ḥāʒib (m)	حاجب
pestaña (f)	rimʃ (m)	رمش
párpado (m)	ʒafn (m)	جفن
lengua (f)	lisān (m)	لسان
diente (m)	sinn (f)	سنّ
labios (m pl)	ʃifāh (pl)	شفاه
pómulos (m pl)	ʿiẓām waʒhiyya (pl)	عظام وجهيّة
encía (f)	liθθa (f)	لثّة
paladar (m)	ḥanak (m)	حنك
ventanas (f pl)	minxarān (du)	منخران
mentón (m)	ðaqan (m)	ذقن
mandíbula (f)	fakk (m)	فكّ
mejilla (f)	xadd (m)	خدّ
frente (f)	ʒabha (f)	جبهة
sien (f)	ṣudɣ (m)	صدغ
oreja (f)	uðun (m)	أذن
nuca (f)	qafa (m)	قفا
cuello (m)	raqaba (f)	رقبة
garganta (f)	ḥalq (m)	حلق
pelo, cabello (m)	ʃaʿr (m)	شعر
peinado (m)	tasrīḥa (f)	تسريحة
corte (m) de pelo	tasrīḥa (f)	تسريحة
peluca (f)	barūka (f)	باروكة
bigote (m)	ʃawārib (pl)	شوارب
barba (f)	liḥya (f)	لحية
tener (~ la barba)	ʿindahu	عنده
trenza (f)	ḍifīra (f)	ضفيرة
patillas (f pl)	sawālif (pl)	سوالف
pelirrojo (adj)	aḥmar aʃʃaʿr	أحمر الشعر
gris, canoso (adj)	abyaḍ	أبيض

calvo (adj)	aṣlaʿ	أصلع
calva (f)	ṣalaʿ (m)	صلع
cola (f) de caballo	ðayl ḥiṣān (m)	ذيل حصان
flequillo (m)	quṣṣa (f)	قصّة

25. El cuerpo

mano (f)	yad (m)	يد
brazo (m)	ðirāʿ (f)	ذراع
dedo (m)	iṣbaʿ (m)	إصبع
dedo (m) del pie	iṣbaʿ al qadam (m)	إصبع القدم
dedo (m) pulgar	ibhām (m)	إبهام
dedo (m) meñique	χunṣur (m)	خنصر
uña (f)	ẓufr (m)	ظفر
puño (m)	qabḍa (f)	قبضة
palma (f)	kaff (f)	كفّ
muñeca (f)	miʿṣam (m)	معصم
antebrazo (m)	sāʿid (m)	ساعد
codo (m)	mirfaq (m)	مرفق
hombro (m)	katf (f)	كتف
pierna (f)	riʒl (f)	رجل
planta (f)	qadam (f)	قدم
rodilla (f)	rukba (f)	ركبة
pantorrilla (f)	sammāna (f)	سمّانة
cadera (f)	faχð (f)	فخذ
talón (m)	ʿaqb (m)	عقب
cuerpo (m)	ʒism (m)	جسم
vientre (m)	baṭn (m)	بطن
pecho (m)	ṣadr (m)	صدر
seno (m)	θady (m)	ثدي
lado (m), costado (m)	ʒamb (m)	جنب
espalda (f)	ẓahr (m)	ظهر
zona (f) lumbar	asfal aẓ ẓahr (m)	أسفل الظهر
cintura (f), talle (m)	χaṣr (m)	خصر
ombligo (m)	surra (f)	سرّة
nalgas (f pl)	ardāf (pl)	أرداف
trasero (m)	dubr (m)	دبر
lunar (m)	ʃāma (f)	شامة
marca (f) de nacimiento	waḥma	وحمة
tatuaje (m)	waʃm (m)	وشم
cicatriz (f)	nadba (f)	ندبة

La ropa y los accesorios

26. La ropa exterior. Los abrigos

ropa (f)	malābis (pl)	ملابس
ropa (f) de calle	malābis fawqāniyya (pl)	ملابس فوقانيّة
ropa (f) de invierno	malābis ʃitawiyya (pl)	ملابس شتويّة
abrigo (m)	miʻṭaf (m)	معطف
abrigo (m) de piel	miʻṭaf farw (m)	معطف فرو
abrigo (m) corto de piel	ʒakīt farw (m)	جاكيت فرو
chaqueta (f) plumón	haʃiyyat rīʃ (m)	حشية ريش
cazadora (f)	ʒākīt (m)	جاكيت
impermeable (m)	miʻṭaf lil maṭar (m)	معطف للمطر
impermeable (adj)	ṣāmid lil māʼ	صامد للماء

27. Ropa de hombre y mujer

camisa (f)	qamīṣ (m)	قميص
pantalones (m pl)	banṭalūn (m)	بنطلون
jeans, vaqueros (m pl)	ʒīnz (m)	جينز
chaqueta (f), saco (m)	sutra (f)	سترة
traje (m)	badla (f)	بدلة
vestido (m)	fustān (m)	فستان
falda (f)	tannūra (f)	تنّورة
blusa (f)	blūza (f)	بلوزة
rebeca (f), chaqueta (f) de punto	kardigān (m)	كارديجان
chaqueta (f)	ʒākīt (m)	جاكيت
camiseta (f) (T-shirt)	ti ʃirt (m)	تي شيرت
pantalones (m pl) cortos	ʃūrt (m)	شورت
traje (m) deportivo	badlat at tadrīb (f)	بدلة التدريب
bata (f) de baño	θawb ḥammām (m)	ثوب حمّام
pijama (m)	biʒāma (f)	بيجاما
suéter (m)	bulūvir (m)	بلوفر
pulóver (m)	bulūvir (m)	بلوفر
chaleco (m)	ṣudayriy (m)	صديريّ
frac (m)	badlat sahra (f)	بدلة سهرة
esmoquin (m)	smūkin (m)	سموكن
uniforme (m)	zayy muwaḥḥad (m)	زي موحّد
ropa (f) de trabajo	θiyāb al ʻamal (m)	ثياب العمل
mono (m)	uvirūl (m)	اوفرول
bata (f) (p. ej. ~ blanca)	θawb (m)	ثوب

28. La ropa. La ropa interior

ropa (f) interior	malābis dāxiliyya (pl)	ملابس داخليّة
bóxer (m)	sirwāl dāxiliy riʒāliy (m)	سروال داخلي رجالي
bragas (f pl)	sirwāl dāxiliy nisā'iy (m)	سروال داخلي نسائي
camiseta (f) interior	qamīṣ bila aqmām (m)	قميص بلا أكمام
calcetines (m pl)	ʒawārib (pl)	جوارب
camisón (m)	qamīṣ nawm (m)	قميص نوم
sostén (m)	ḥammālat ṣadr (f)	حمّالة صدر
calcetines (m pl) altos	ʒawārib ṭawīla (pl)	جوارب طويلة
pantimedias (f pl)	ʒawārib kulūn (pl)	جوارب كولون
medias (f pl)	ʒawārib nisā'iyya (pl)	جوارب نسائية
traje (m) de baño	libās sibāḥa (m)	لباس سباحة

29. Gorras

gorro (m)	qubbaʿa (f)	قبّعة
sombrero (m) de fieltro	burnayṭa (f)	برنيطة
gorra (f) de béisbol	kāb baysbūl (m)	كاب بيسبول
gorra (f) plana	qubbaʿa musaṭṭaḥa (f)	قبّعة مسطحة
boina (f)	birīh (m)	بريه
capuchón (m)	ɣiṭāʾ (m)	غطاء
panamá (m)	qubbaʿat banāma (f)	قبّعة بناما
gorro (m) de punto	qubbāʿa maḥbūka (m)	قبّعة محبوكة
pañuelo (m)	ʔʒārb (m)	إيشارب
sombrero (m) de mujer	burnayṭa (f)	برنيطة
casco (m) (~ protector)	xūða (f)	خوذة
gorro (m) de campaña	kāb (m)	كاب
casco (m) (~ de moto)	xūða (f)	خوذة
bombín (m)	qubbaʿat dirbi (f)	قبّعة ديربي
sombrero (m) de copa	qubbaʿa ʿāliya (f)	قبّعة عالية

30. El calzado

calzado (m)	aḥðiya (pl)	أحذية
botas (f pl)	ʒazma (f)	جزمة
zapatos (m pl) (~ de tacón bajo)	ʒazma (f)	جزمة
botas (f pl) altas	būt (m)	بوت
zapatillas (f pl)	ʃibʃib (m)	شبشب
tenis (m pl)	ḥiðāʾ riyāḍiy (m)	حذاء رياضي
zapatillas (f pl) de lona	kutʃi (m)	كوتشي
sandalias (f pl)	ṣandal (pl)	صندل
zapatero (m)	iskāfiy (m)	إسكافي
tacón (m)	kaʿb (m)	كعب

par (m)	zawʒ (m)	زوج
cordón (m)	ʃarīṭ (m)	شريط
encordonar (vt)	rabaṭ	ربط
calzador (m)	labbāsat ḥiðā' (f)	لبّاسة حذاء
betún (m)	warnīʃ al ḥiðā' (m)	ورنيش الحذاء

31. Accesorios personales

guantes (m pl)	quffāz (m)	قفّاز
manoplas (f pl)	quffāz muɣlaq (m)	قفّاز مغلق
bufanda (f)	ʃʃārb (m)	إيشارب
gafas (f pl)	nazzāra (f)	نظّارة
montura (f)	iṭār (m)	إطار
paraguas (m)	ʃamsiyya (f)	شمسيّة
bastón (m)	'aṣa (f)	عصا
cepillo (m) de pelo	furʃat ʃa'r (f)	فرشة شعر
abanico (m)	mirwaḥa yadawiyya (f)	مروحة يدويّة
corbata (f)	karavatta (f)	كرافتة
pajarita (f)	babyūn (m)	بييون
tirantes (m pl)	ḥammāla (f)	حمّالة
moquero (m)	mandīl (m)	منديل
peine (m)	miʃṭ (m)	مشط
pasador (m) de pelo	dabbūs (m)	دبّوس
horquilla (f)	bansa (m)	بنسة
hebilla (f)	bukla (f)	بكلة
cinturón (m)	ḥizām (m)	حزام
correa (f) (de bolso)	ḥammalat al katf (f)	حمّالة الكتف
bolsa (f)	ʃanṭa (f)	شنطة
bolso (m)	ʃanṭat yad (f)	شنطة يد
mochila (f)	ḥaqībat ẓahr (f)	حقيبة ظهر

32. La ropa. Miscelánea

moda (f)	mūḍa (f)	موضة
de moda (adj)	fil mūḍa	في الموضة
diseñador (m) de moda	muṣammim azyā' (m)	مصمّم أزياء
cuello (m)	yāqa (f)	ياقة
bolsillo (m)	ʒayb (m)	جيب
de bolsillo (adj)	ʒayb	جيب
manga (f)	kumm (m)	كمّ
presilla (f)	'allāqa (f)	علّاقة
bragueta (f)	lisān (m)	لسان
cremallera (f)	zimām munzaliq (m)	زمام منزلق
cierre (m)	miʃbak (m)	مشبك
botón (m)	zirr (m)	زرّ

ojal (m)	ʽurwa (f)	عروة
saltar (un botón)	waqaʽ	وقع
coser (vi, vt)	χāṭ	خاط
bordar (vt)	ṭarraz	طرّز
bordado (m)	taṭrīz (m)	تطريز
aguja (f)	ibra (f)	إبرة
hilo (m)	χayṭ (m)	خيط
costura (f)	darz (m)	درز
ensuciarse (vr)	tawassaχ	توسّخ
mancha (f)	buqʽa (f)	بقعة
arrugarse (vr)	takarmaʃ	تكرمش
rasgar (vt)	qaṭṭaʽ	قطّع
polilla (f)	ʽuθθa (f)	عثة

33. Productos personales. Cosméticos

pasta (f) de dientes	maʽӡūn asnān (m)	معجون أسنان
cepillo (m) de dientes	furʃat asnān (f)	فرشة أسنان
limpiarse los dientes	naẓẓaf al asnān	نظّف الأسنان
maquinilla (f) de afeitar	mūs ḥilāqa (m)	موس حلاقة
crema (f) de afeitar	krīm ḥilāqa (m)	كريم حلاقة
afeitarse (vr)	ḥalaq	حلق
jabón (m)	ṣābūn (m)	صابون
champú (m)	ʃāmbū (m)	شامبو
tijeras (f pl)	maqaṣṣ (m)	مقصّ
lima (f) de uñas	mibrad (m)	مبرد
cortaúñas (m pl)	milqaṭ (m)	ملقط
pinzas (f pl)	milqaṭ (m)	ملقط
cosméticos (m pl)	mawādd at taӡmīl (pl)	موادّ التجميل
mascarilla (f)	mask (m)	ماسك
manicura (f)	manikūr (m)	مانيكور
hacer la manicura	ʽamal manikūr	عمل مانيكور
pedicura (f)	badikīr (m)	باديكير
bolsa (f) de maquillaje	ḥaqībat adawāt at taӡmīl (f)	حقيبة أدوات التجميل
polvos (m pl)	budrat waӡh (f)	بودرة وجه
polvera (f)	ʽulbat būdra (f)	علبة بودرة
colorete (m), rubor (m)	aḥmar χudūd (m)	أحمر خدود
perfume (m)	ʽiṭr (m)	عطر
agua (f) de tocador	kulūnya (f)	كولونيا
loción (f)	lusiyun (m)	لوسيون
agua (f) de Colonia	kulūniya (f)	كولونيا
sombra (f) de ojos	ay ʃaduw (m)	اي شادو
lápiz (m) de ojos	kuḥl al ʽuyūn (m)	كحل العيون
rímel (m)	maskara (f)	ماسكارا
pintalabios (m)	aḥmar ʃifāh (m)	أحمر شفاه

esmalte (m) de uñas	mulammiʿ al aẓāfir (m)	ملمّع الاظافر
fijador (m) para el pelo	muθabbit aʃ ʃaʿr (m)	مثبّت الشعر
desodorante (m)	muzīl rawāʾiḥ (m)	مزيل روائح
crema (f)	krīm (m)	كريم
crema (f) de belleza	krīm lil waʒh (m)	كريم للوجه
crema (f) de manos	krīm lil yadayn (m)	كريم لليدين
crema (f) antiarrugas	krīm muḍādd lit taʒāʿīd (m)	كريم مضادٌ للتجاعيد
crema (f) de día	krīm an nahār (m)	كريم النهار
crema (f) de noche	krīm al layl (m)	كريم الليل
de día (adj)	nahāriy	نهاريّ
de noche (adj)	layliy	ليلي
tampón (m)	tambūn (m)	تانبون
papel (m) higiénico	waraq ḥammām (m)	ورق حمّام
secador (m) de pelo	muʒaffif ʃaʿr (m)	مجفّف شعر

34. Los relojes

reloj (m)	sāʿa (f)	ساعة
esfera (f)	waʒh as sāʿa (m)	وجه الساعة
aguja (f)	ʿaqrab as sāʿa (m)	عقرب الساعة
pulsera (f)	siwār sāʿa maʿdaniyya (m)	سوار ساعة معدنية
correa (f) (del reloj)	siwār sāʿa (m)	سوار ساعة
pila (f)	baṭṭāriyya (f)	بطّاريّة
descargarse (vr)	tafarraɣ	تفرّغ
cambiar la pila	ɣayyar al baṭṭāriyya	غيّر البطّاريّة
adelantarse (vr)	sabaq	سبق
retrasarse (vr)	taʾaxxar	تأخّر
reloj (m) de pared	sāʿat ḥāʾiṭ (f)	ساعة حائط
reloj (m) de arena	sāʿa ramliyya (f)	ساعة رمليّة
reloj (m) de sol	sāʿa ʃamsiyya (f)	ساعة شمسيّة
despertador (m)	munabbih (m)	منبّه
relojero (m)	saʿātiy (m)	ساعاتيّ
reparar (vt)	aṣlaḥ	أصلح

La comida y la nutrición

35. La comida

carne (f)	laḥm (m)	لحم
gallina (f)	daʒāʒ (m)	دجاج
pollo (m)	farrūʒ (m)	فروج
pato (m)	baṭṭa (f)	بطّة
ganso (m)	iwazza (f)	إوزّة
caza (f) menor	ṣayd (m)	صيد
pava (f)	daʒāʒ rūmiy (m)	دجاج رومي
carne (f) de cerdo	laḥm al xinzīr (m)	لحم الخنزير
carne (f) de ternera	laḥm il 'iʒl (m)	لحم العجل
carne (f) de carnero	laḥm aḍ ḍa'n (m)	لحم الضأن
carne (f) de vaca	laḥm al baqar (m)	لحم البقر
conejo (m)	arnab (m)	أرنب
salchichón (m)	suʒuq (m)	سجق
salchicha (f)	suʒuq (m)	سجق
beicon (m)	bikūn (m)	بيكون
jamón (m)	hām (m)	هام
jamón (m) fresco	faxð xinzīr (m)	فخذ خنزير
paté (m)	ma'ʒūn laḥm (m)	معجون لحم
hígado (m)	kibda (f)	كبدة
carne (f) picada	ḥaʃwa (f)	حشوة
lengua (f)	lisān (m)	لسان
huevo (m)	bayḍa (f)	بيضة
huevos (m pl)	bayḍ (m)	بيض
clara (f)	bayāḍ al bayḍ (m)	بياض البيض
yema (f)	ṣafār al bayḍ (m)	صفار البيض
pescado (m)	samak (m)	سمك
mariscos (m pl)	fawākih al baḥr (pl)	فواكه البحر
caviar (m)	kaviyār (m)	كافيار
cangrejo (m) de mar	salṭa'ūn (m)	سلطعون
camarón (m)	ʒambari (m)	جمبريّ
ostra (f)	maḥār (m)	محار
langosta (f)	karkand ʃāik (m)	كركند شائك
pulpo (m)	uxṭubūṭ (m)	أخطبوط
calamar (m)	kalmāri (m)	كالماري
esturión (m)	samak al ḥaʃʃ (m)	سمك الحفش
salmón (m)	salmūn (m)	سلمون
fletán (m)	samak al halbūt (m)	سمك الهلبوت
bacalao (m)	samak al qudd (m)	سمك القدّ
caballa (f)	usqumriy (m)	أسقمريّ

atún (m)	tūna (f)	تونة
anguila (f)	ḥankalīs (m)	حنكليس
trucha (f)	salmūn muraqqaṭ (m)	سلمون مرقّط
sardina (f)	sardīn (m)	سردين
lucio (m)	samak al karāki (m)	سمك الكراكي
arenque (m)	rinʒa (f)	رنجة
pan (m)	χubz (m)	خبز
queso (m)	ʒubna (f)	جبنة
azúcar (m)	sukkar (m)	سكّر
sal (f)	milḥ (m)	ملح
arroz (m)	urz (m)	أرز
macarrones (m pl)	makarūna (f)	مكرونة
tallarines (m pl)	nūdlis (f)	نودلز
mantequilla (f)	zubda (f)	زبدة
aceite (m) vegetal	zayt (m)	زيت
aceite (m) de girasol	zayt ʻabīd aʃʃams (m)	زيت عبيد الشمس
margarina (f)	marɣarīn (m)	مرغرين
olivas, aceitunas (f pl)	zaytūn (m)	زيتون
aceite (m) de oliva	zayt az zaytūn (m)	زيت الزيتون
leche (f)	ḥalīb (m)	حليب
leche (f) condensada	ḥalīb mukaθθaf (m)	حليب مكثّف
yogur (m)	yūɣurt (m)	يوغورت
nata (f) agria	krīma ḥāmiḍa (f)	كريمة حامضة
nata (f) líquida	krīma (f)	كريمة
mayonesa (f)	mayunīz (m)	مايونيز
crema (f) de mantequilla	krīmat zubda (f)	كريمة زبدة
cereales (m pl) integrales	ḥubūb (pl)	حبوب
harina (f)	daqīq (m)	دقيق
conservas (f pl)	muʻallabāt (pl)	معلّبات
copos (m pl) de maíz	kurn fliks (m)	كورن فليكس
miel (f)	ʻasal (m)	عسل
confitura (f)	murabba (m)	مربّى
chicle (m)	ʻilk (m)	علك

36. Las bebidas

agua (f)	māʼ (m)	ماء
agua (f) potable	māʼ ʃurb (m)	ماء شرب
agua (f) mineral	māʼ maʻdaniy (m)	ماء معدنيّ
sin gas	bi dūn ɣāz	بدون غاز
gaseoso (adj)	mukarban	مكربن
con gas	bil ɣāz	بالغاز
hielo (m)	θalʒ (m)	ثلج
con hielo	biθ θalʒ	بالثلج

sin alcohol	bi dūn kuḥūl	بدون كحول
bebida (f) sin alcohol	maʃrūb ɣāziy (m)	مشروب غازي
refresco (m)	maʃrūb muθallaʒ (m)	مشروب مثلج
limonada (f)	ʃarāb laymūn (m)	شراب ليمون
bebidas (f pl) alcohólicas	maʃrūbāt kuḥūliyya (pl)	مشروبات كحولية
vino (m)	nabīð (f)	نبيذ
vino (m) blanco	nibīð abyaḍ (m)	نبيذ أبيض
vino (m) tinto	nabīð aḥmar (m)	نبيذ أحمر
licor (m)	liqiūr (m)	ليكيور
champaña (f)	ʃambāniya (f)	شمبانيا
vermú (m)	virmut (m)	فيرموث
whisky (m)	wiski (m)	وسكي
vodka (m)	vudka (f)	فودكا
ginebra (f)	ʒīn (m)	جين
coñac (m)	kunyāk (m)	كونياك
ron (m)	rum (m)	رم
café (m)	qahwa (f)	قهوة
café (m) solo	qahwa sāda (f)	قهوة سادة
café (m) con leche	qahwa bil ḥalīb (f)	قهوة بالحليب
capuchino (m)	kaputʃīnu (m)	كابتشينو
café (m) soluble	niskafi (m)	نيسكافيه
leche (f)	ḥalīb (m)	حليب
cóctel (m)	kuktayl (m)	كوكتيل
batido (m)	milk ʃyk (m)	ميلك شيك
zumo (m), jugo (m)	ʿaṣīr (m)	عصير
jugo (m) de tomate	ʿaṣīr ṭamāṭim (m)	عصير طماطم
zumo (m) de naranja	ʿaṣīr burtuqāl (m)	عصير برتقال
zumo (m) fresco	ʿaṣīr ṭāziʒ (m)	عصير طازج
cerveza (f)	bīra (f)	بيرة
cerveza (f) rubia	bīra xafīfa (f)	بيرة خفيفة
cerveza (f) negra	bīra ɣāmiqa (f)	بيرة غامقة
té (m)	ʃāy (m)	شاي
té (m) negro	ʃāy aswad (m)	شاي أسود
té (m) verde	ʃāy axḍar (m)	شاي أخضر

37. Las verduras

legumbres (f pl)	xuḍār (pl)	خضار
verduras (f pl)	xuḍrawāt waraqiyya (pl)	خضروات ورقية
tomate (m)	ṭamāṭim (f)	طماطم
pepino (m)	xiyār (m)	خيار
zanahoria (f)	ʒazar (m)	جزر
patata (f)	baṭāṭis (f)	بطاطس
cebolla (f)	baṣal (m)	بصل
ajo (m)	θūm (m)	ثوم

col (f)	kurumb (m)	كرنب
coliflor (f)	qarnabīṭ (m)	قرنبيط
col (f) de Bruselas	kurumb brūksil (m)	كرنب بروكسل
brócoli (m)	brukuli (m)	بركولي
remolacha (f)	banʒar (m)	بنجر
berenjena (f)	bātinʒān (m)	باذنجان
calabacín (m)	kūsa (f)	كوسة
calabaza (f)	qarʿ (m)	قرع
nabo (m)	lift (m)	لفت
perejil (m)	baqdūnis (m)	بقدونس
eneldo (m)	ʃabat (m)	شبت
lechuga (f)	χass (m)	خسّ
apio (m)	karafs (m)	كرفس
espárrago (m)	halyūn (m)	هليون
espinaca (f)	sabāniχ (m)	سبانخ
guisante (m)	bisilla (f)	بسلة
habas (f pl)	fūl (m)	فول
maíz (m)	ðura (f)	ذرة
fréjol (m)	faṣūliya (f)	فاصوليا
pimiento (m) dulce	filfil (m)	فلفل
rábano (m)	fiʒl (m)	فجل
alcachofa (f)	χurʃūf (m)	خرشوف

38. Las frutas. Las nueces

fruto (m)	fākiha (f)	فاكهة
manzana (f)	tuffāḥa (f)	تفّاحة
pera (f)	kummaθra (f)	كمّثرى
limón (m)	laymūn (m)	ليمون
naranja (f)	burtuqāl (m)	برتقال
fresa (f)	farawla (f)	فراولة
mandarina (f)	yūsufiy (m)	يوسفي
ciruela (f)	barqūq (m)	برقوق
melocotón (m)	durrāq (m)	دراق
albaricoque (m)	miʃmiʃ (m)	مشمش
frambuesa (f)	tūt al ʿullayq al aḥmar (m)	توت العليق الأحمر
piña (f)	ananās (m)	أناناس
banana (f)	mawz (m)	موز
sandía (f)	baṭṭīχ aḥmar (m)	بطّيخ أحمر
uva (f)	ʿinab (m)	عنب
guinda (f), cereza (f)	karaz (m)	كرز
melón (m)	baṭṭīχ aṣfar (f)	بطّيخ أصفر
pomelo (m)	zinbāʿ (m)	زنباع
aguacate (m)	avukādu (f)	افوكاتو
papaya (f)	babāya (m)	بابايا
mango (m)	mangu (m)	مانجو
granada (f)	rummān (m)	رمان

Español	Transliteración	Árabe
grosella (f) roja	kiʃmiʃ aḥmar (m)	كشمش أحمر
grosella (f) negra	ʿinab aθ θaʿlab al aswad (m)	عنب الثعلب الأسود
grosella (f) espinosa	ʿinab aθ θaʿlab (m)	عنب الثعلب
arándano (m)	ʿinab al aḥrāʒ (m)	عنب الأحراج
zarzamoras (f pl)	θamar al ʿullayk (m)	ثمر العليّق
pasas (f pl)	zabīb (m)	زبيب
higo (m)	tīn (m)	تين
dátil (m)	tamr (m)	تمر
cacahuete (m)	fūl sudāniy (m)	فول سودانيّ
almendra (f)	lawz (m)	لوز
nuez (f)	ʿayn al ʒamal (f)	عين الجمل
avellana (f)	bunduq (m)	بندق
nuez (f) de coco	ʒawz al hind (m)	جوز هند
pistachos (m pl)	fustuq (m)	فستق

39. El pan. Los dulces

Español	Transliteración	Árabe
pasteles (m pl)	ḥalawiyyāt (pl)	حلويّات
pan (m)	xubz (m)	خبز
galletas (f pl)	baskawīt (m)	بسكويت
chocolate (m)	ʃukulāta (f)	شكولاتة
de chocolate (adj)	biʃ ʃukulāta	بالشكولاتة
caramelo (m)	bumbūn (m)	بونبون
tarta (f) (pequeña)	kaʿk (m)	كعك
tarta (f) (~ de cumpleaños)	tūrta (f)	تورتة
tarta (f) (~ de manzana)	fatīra (f)	فطيرة
relleno (m)	ḥaʃwa (f)	حشوة
confitura (f)	murabba (m)	مربَى
mermelada (f)	marmalād (f)	مرملاد
gofre (m)	wāfil (m)	وافل
helado (m)	muθallaʒāt (pl)	مثلّجات
pudin (m)	būding (m)	بودنج

40. Los platos

Español	Transliteración	Árabe
plato (m)	waʒba (f)	وجبة
cocina (f)	maṭbax (m)	مطبخ
receta (f)	waṣfa (f)	وصفة
porción (f)	waʒba (f)	وجبة
ensalada (f)	sulṭa (f)	سلطة
sopa (f)	ʃūrba (f)	شوربة
caldo (m)	maraq (m)	مرق
bocadillo (m)	sandawitʃ (m)	ساندويتش
huevos (m pl) fritos	bayḍ maqliy (m)	بيض مقليّ
hamburguesa (f)	hamburger (m)	هامبورجر

bistec (m)	biftīk (m)	بفتيك
guarnición (f)	ṭabaq ʒānibiy (m)	طبق جانبيّ
espagueti (m)	spaɣitti (m)	سباغيتي
puré (m) de patatas	harīs baṭāṭis (m)	هريس بطاطس
pizza (f)	bītza (f)	بيتزا
gachas (f pl)	ʿaṣīda (f)	عصيدة
tortilla (f) francesa	bayḍ maxfūq (m)	بيض مخفوق
cocido en agua (adj)	maslūq	مسلوق
ahumado (adj)	mudaxxin	مدخّن
frito (adj)	maqliy	مقليّ
seco (adj)	muʒaffaf	مجفّف
congelado (adj)	muʒammad	مجمّد
marinado (adj)	muxallil	مخلّل
azucarado, dulce (adj)	musakkar	مسكّر
salado (adj)	māliḥ	مالح
frío (adj)	bārid	بارد
caliente (adj)	sāxin	ساخن
amargo (adj)	murr	مرّ
sabroso (adj)	laðīð	لذيذ
cocer en agua	ṭabax	طبخ
preparar (la cena)	ḥaḍḍar	حضّر
freír (vt)	qala	قلي
calentar (vt)	saxxan	سخّن
salar (vt)	mallaḥ	ملّح
poner pimienta	falfal	فلفل
rallar (vt)	baʃar	بشر
piel (f)	qiʃra (f)	قشرة
pelar (vt)	qaʃʃar	قشّر

41. Las especias

sal (f)	milḥ (m)	ملح
salado (adj)	māliḥ	مالح
salar (vt)	mallaḥ	ملّح
pimienta (f) negra	filfil aswad (m)	فلفل أسود
pimienta (f) roja	filfil aḥmar (m)	فلفل أحمر
mostaza (f)	ṣalṣat al xardal (f)	صلصة الخردل
rábano (m) picante	fiʒl ḥārr (m)	فجل حارّ
condimento (m)	tābil (m)	تابل
especia (f)	bahār (m)	بهار
salsa (f)	ṣalṣa (f)	صلصة
vinagre (m)	xall (m)	خلّ
anís (m)	yānsūn (m)	يانسون
albahaca (f)	rīḥān (m)	ريحان
clavo (m)	qurumful (m)	قرنفل
jengibre (m)	zanʒabīl (m)	زنجبيل
cilantro (m)	kuzbara (f)	كزبرة

canela (f)	qirfa (f)	قرفة
sésamo (m)	simsim (m)	سمسم
hoja (f) de laurel	awrāq al ɣār (pl)	أوراق الغار
paprika (f)	babrika (f)	بابريكا
comino (m)	karāwiya (f)	كراوية
azafrán (m)	zaʻfarān (m)	زعفران

42. Las comidas

comida (f)	akl (m)	أكل
comer (vi, vt)	akal	أكل
desayuno (m)	futūr (m)	فطور
desayunar (vi)	aftar	أفطر
almuerzo (m)	ɣadāʼ (m)	غداء
almorzar (vi)	taɣadda	تغدّى
cena (f)	ʻaʃāʼ (m)	عشاء
cenar (vi)	taʻaʃʃa	تعشّى
apetito (m)	ʃahiyya (f)	شهيّة
¡Que aproveche!	hanīʼan marīʼan!	هنيئًا مريئًا!
abrir (vt)	fataḥ	فتح
derramar (líquido)	dalaq	دلق
derramarse (líquido)	indalaq	إندلق
hervir (vi)	ɣala	غلى
hervir (vt)	ɣala	غلي
hervido (agua ~a)	maɣliy	مغليّ
enfriar (vt)	barrad	برّد
enfriarse (vr)	tabarrad	تبرّد
sabor (m)	ṭaʻm (m)	طعم
regusto (m)	al maðāq al ʻāliq fil fam (m)	المذاق العالق فى الفم
adelgazar (vi)	faqad al wazn	فقد الوزن
dieta (f)	ḥimya ɣaðāʼiyya (f)	حمية غذائية
vitamina (f)	vitamīn (m)	فيتامين
caloría (f)	suʻra ḥarāriyya (f)	سعرة حراريّة
vegetariano (m)	nabātiy (m)	نباتيّ
vegetariano (adj)	nabātiy	نباتيّ
grasas (f pl)	duhūn (pl)	دهون
proteínas (f pl)	brutināt (pl)	بروتينات
carbohidratos (m pl)	naʃawiyyāt (pl)	نشويّات
loncha (f)	ʃarīḥa (f)	شريحة
pedazo (m)	qiṭʻa (f)	قطعة
miga (f)	futāta (f)	فتاتة

43. Los cubiertos

cuchara (f)	milʻaqa (f)	ملعقة
cuchillo (m)	sikkīn (m)	سكّين

tenedor (m)	ʃawka (f)	شوكة
taza (f)	finʒān (m)	فنجان
plato (m)	ṭabaq (m)	طبق
platillo (m)	ṭabaq finʒān (m)	طبق فنجان
servilleta (f)	mandīl (m)	منديل
mondadientes (m)	χallat asnān (f)	خلّة أسنان

44. El restaurante

restaurante (m)	maṭʿam (m)	مطعم
cafetería (f)	kafé (m), maqha (m)	كافيه, مقهى
bar (m)	bār (m)	بار
salón (m) de té	ṣālun ʃāy (m)	صالون شاي
camarero (m)	nādil (m)	نادل
camarera (f)	nādila (f)	نادلة
barman (m)	bārman (m)	بارمان
carta (f), menú (m)	qāʾimat aṭ ṭaʿām (f)	قائمة طعام
carta (f) de vinos	qāʾimat al χumūr (f)	قائمة خمور
reservar una mesa	ḥaʒaz māʾida	حجز مائدة
plato (m)	waʒba (f)	وجبة
pedir (vt)	ṭalab	طلب
hacer un pedido	ṭalab	طلب
aperitivo (m)	ʃarāb (m)	شراب
entremés (m)	muqabbilāt (pl)	مقبّلات
postre (m)	ḥalawiyyāt (pl)	حلويّات
cuenta (f)	ḥisāb (m)	حساب
pagar la cuenta	dafaʿ al ḥisāb	دفع الحساب
dar la vuelta	aʿṭa al bāqi	أعطى الباقي
propina (f)	baqʃīʃ (m)	بقشيش

La familia nuclear, los parientes y los amigos

45. La información personal. Los formularios

nombre (m)	ism (m)	إسم
apellido (m)	ism al 'ā'ila (m)	إسم العائلة
fecha (f) de nacimiento	tarīx al mīlād (m)	تاريخ الميلاد
lugar (m) de nacimiento	makān al mīlād (m)	مكان الميلاد
nacionalidad (f)	ʒinsiyya (f)	جنسية
domicilio (m)	maqarr al iqāma (m)	مقر الإقامة
país (m)	balad (m)	بلد
profesión (f)	mihna (f)	مهنة
sexo (m)	ʒins (m)	جنس
estatura (f)	ṭūl (m)	طول
peso (m)	wazn (m)	وزن

46. Los familiares. Los parientes

madre (f)	umm (f)	أمّ
padre (m)	ab (m)	أب
hijo (m)	ibn (m)	إبن
hija (f)	ibna (f)	إبنة
hija (f) menor	al ibna aṣ ṣayīra (f)	الإبنة الصغيرة
hijo (m) menor	al ibn aṣ ṣayīr (m)	الابن الصغير
hija (f) mayor	al ibna al kabīra (f)	الإبنة الكبيرة
hijo (m) mayor	al ibn al kabīr (m)	الإبن الكبير
hermano (m)	ax (m)	أخ
hermano (m) mayor	al ax al kabīr (m)	الأخ الكبير
hermano (m) menor	al ax aṣ ṣayīr (m)	الأخ الصغير
hermana (f)	uxt (f)	أخت
hermana (f) mayor	al uxt al kabīra (f)	الأخت الكبيرة
hermana (f) menor	al uxt aṣ ṣayīra (f)	الأخت الصغيرة
primo (m)	ibn 'amm (m), ibn xāl (m)	إبن عمّ, إبن خال
prima (f)	ibnat 'amm (f), ibnat xāl (f)	إبنة عم, إبنة خال
mamá (f)	mama (f)	ماما
papá (m)	baba (m)	بابا
padres (pl)	wālidān (du)	والدان
niño -a (m, f)	ṭifl (m)	طفل
niños (pl)	aṭfāl (pl)	أطفال
abuela (f)	ʒidda (f)	جدّة
abuelo (m)	ʒadd (m)	جدّ
nieto (m)	ḥafīd (m)	حفيد

nieta (f)	ḥafīda (f)	حفيدة
nietos (pl)	aḥfād (pl)	أحفاد
tío (m)	'amm (m), xāl (m)	عمّ, خال
tía (f)	'amma (f), xāla (f)	عمّة, خالة
sobrino (m)	ibn al ax (m), ibn al uxt (m)	إبن الأخ, إبن الأخت
sobrina (f)	ibnat al ax (f), ibnat al uxt (f)	إبنة الأخ, إبنة الأخت
suegra (f)	ḥamātt (f)	حماة
suegro (m)	ḥamm (m)	حم
yerno (m)	zawʒ al ibna (m)	زوج الأبنة
madrastra (f)	zawʒat al ab (f)	زوجة الأب
padrastro (m)	zawʒ al umm (m)	زوج الأمّ
niño (m) de pecho	ṭifl raḍī' (m)	طفل رضيع
bebé (m)	mawlūd (m)	مولود
chico (m)	walad ṣaɣīr (m)	ولد صغير
mujer (f)	zawʒa (f)	زوجة
marido (m)	zawʒ (m)	زوج
esposo (m)	zawʒ (m)	زوج
esposa (f)	zawʒa (f)	زوجة
casado (adj)	mutazawwiʒ	متزوّج
casada (adj)	mutazawwiʒa	متزوّجة
soltero (adj)	a'zab	أعزب
soltero (m)	a'zab (m)	أعزب
divorciado (adj)	muṭallaq (m)	مطلّق
viuda (f)	armala (f)	أرملة
viudo (m)	armal (m)	أرمل
pariente (m)	qarīb (m)	قريب
pariente (m) cercano	nasīb qarīb (m)	نسيب قريب
pariente (m) lejano	nasīb ba'īd (m)	نسيب بعيد
parientes (pl)	aqārib (pl)	أقارب
huérfano (m), huérfana (f)	yatīm (m)	يتيم
tutor (m)	waliyy amr (m)	ولي أمر
adoptar (un niño)	tabanna	تبنّى
adoptar (una niña)	tabanna	تبنّى

La medicina

47. Las enfermedades

enfermedad (f)	maraḍ (m)	مرض
estar enfermo	maraḍ	مرض
salud (f)	ṣiḥḥa (f)	صحّة
resfriado (m) (coriza)	zukām (m)	زكام
angina (f)	iltihāb al lawzatayn (m)	التهاب اللوزتين
resfriado (m)	bard (m)	برد
resfriarse (vr)	aṣābahu al bard	أصابه البرد
bronquitis (f)	iltihāb al qaṣabāt (m)	إلتهاب القصبات
pulmonía (f)	iltihāb ar ri'atayn (m)	إلتهاب الرئتين
gripe (f)	inflūnza (f)	إنفلونزا
miope (adj)	qaṣīr an naẓar	قصير النظر
présbita (adj)	ba'īd an naẓar	بعيد النظر
estrabismo (m)	ḥawal (m)	حول
estrábico (m) (adj)	aḥwal	أحول
catarata (f)	katarakt (f)	كاتاراكت
glaucoma (m)	glawkūma (f)	جلوكوما
insulto (m)	sakta (f)	سكتة
ataque (m) cardiaco	iḥtijā' (m)	إحتشاء
infarto (m) de miocardio	nawba qalbiya (f)	نوبة قلبية
parálisis (f)	ʃalal (m)	شلل
paralizar (vt)	ʃall	شلّ
alergia (f)	ḥassāsiyya (f)	حسّاسيّة
asma (f)	rabw (m)	ربو
diabetes (f)	ad dā' as sukkariy (m)	الداء السكّريّ
dolor (m) de muelas	alam al asnān (m)	ألم الأسنان
caries (f)	naxar al asnān (m)	نخر الأسنان
diarrea (f)	ishāl (m)	إسهال
estreñimiento (m)	imsāk (m)	إمساك
molestia (f) estomacal	'usr al haḍm (m)	عسر الهضم
envenenamiento (m)	tasammum (m)	تسمّم
envenenarse (vr)	tasammam	تسمّم
artritis (f)	iltihāb al mafāṣil (m)	إلتهاب المفاصل
raquitismo (m)	kusāḥ al aṭfāl (m)	كساح الأطفال
reumatismo (m)	riumatizm (m)	روماتزم
ateroesclerosis (f)	taṣṣallub aʃ ʃarayīn (m)	تصلّب الشرايين
gastritis (f)	iltihāb al ma'ida (m)	إلتهاب المعدة
apendicitis (f)	iltihāb az zā'ida ad dūdiyya (m)	إلتهاب الزائدة الدوديّة

colecistitis (f)	iltihāb al marāra (m)	إلتهاب المرارة
úlcera (f)	qurḥa (f)	قرحة
sarampión (m)	maraḍ al ḥaṣba (m)	مرض الحصبة
rubeola (f)	ḥaṣba almāniyya (f)	حصبة ألمانية
ictericia (f)	yaraqān (m)	يرقان
hepatitis (f)	iltihāb al kabd al vayrūsiy (m)	إلتهاب الكبد الفيروسيّ
esquizofrenia (f)	ʃizufrīniya (f)	شيزوفرينيا
rabia (f) (hidrofobia)	dāʾ al kalb (m)	داء الكلب
neurosis (f)	ʻiṣāb (m)	عصاب
conmoción (f) cerebral	irtiʒāʒ al muxx (m)	إرتجاج المخ
cáncer (m)	saraṭān (m)	سرطان
esclerosis (f)	taṣṣallub (m)	تصلّب
esclerosis (m) múltiple	taṣṣallub mutaʻaddid (m)	تصلّب متعدد
alcoholismo (m)	idmān al xamr (m)	إدمان الخمر
alcohólico (m)	mudmin al xamr (m)	مدمن الخمر
sífilis (f)	sifilis az zuhariy (m)	سفلس الزهري
SIDA (m)	al aydz (m)	الايدز
tumor (m)	waram (m)	ودم
maligno (adj)	xabīθ	خبيث
benigno (adj)	ḥamīd (m)	حميد
fiebre (f)	ḥumma (f)	حمّى
malaria (f)	malāriya (f)	ملاريا
gangrena (f)	ɣanɣrīna (f)	غنغرينا
mareo (m)	duwār al baḥr (m)	دوار البحر
epilepsia (f)	maraḍ aṣ ṣarʻ (m)	مرض الصرع
epidemia (f)	wabāʾ (m)	وباء
tifus (m)	tīfus (m)	تيفوس
tuberculosis (f)	maraḍ as sull (m)	مرض السلّ
cólera (f)	kulīra (f)	كوليرا
peste (f)	ṭāʻūn (m)	طاعون

48. Los síntomas. Los tratamientos. Unidad 1

síntoma (m)	ʻaraḍ (m)	عرض
temperatura (f)	ḥarāra (f)	حرارة
fiebre (f)	ḥumma (f)	حمّى
pulso (m)	nabḍ (m)	نبض
mareo (m) (vértigo)	dawxa (f)	دوخة
caliente (adj)	ḥārr	حارّ
escalofrío (m)	nafaḍān (m)	نفضان
pálido (adj)	aṣfar	أصفر
tos (f)	suʻāl (m)	سعال
toser (vi)	saʻal	سعل
estornudar (vi)	ʻaṭas	عطس
desmayo (m)	iɣmāʾ (m)	إغماء

desmayarse (vr)	ɣumiya ʻalayh	غمي عليه
moradura (f)	kadma (f)	كدمة
chichón (m)	tawarrum (m)	تورّم
golpearse (vr)	iṣṭadam	إصطدم
magulladura (f)	raḍḍ (m)	رضّ
magullarse (vr)	taraḍḍaḍ	ترضّض
cojear (vi)	ʻaraʒ	عرج
dislocación (f)	χalʻ (m)	خلع
dislocar (vt)	χalaʻ	خلع
fractura (f)	kasr (m)	كسر
tener una fractura	inkasar	إنكسر
corte (m) (tajo)	ʒurḥ (m)	جرح
cortarse (vr)	ʒaraḥ nafsah	جرح نفسه
hemorragia (f)	nazf (m)	نزف
quemadura (f)	ḥarq (m)	حرق
quemarse (vr)	taʃayyat	تشيّط
pincharse (~ el dedo)	waχaz	وخز
pincharse (vr)	waχaz nafsah	وخز نفسه
herir (vt)	aṣāb	أصاب
herida (f)	iṣāba (f)	إصابة
lesión (f) (herida)	ʒurḥ (m)	جرح
trauma (m)	ṣadma (f)	صدمة
delirar (vi)	haða	هذى
tartamudear (vi)	talaʻsam	تلعثم
insolación (f)	ḍarbat ʃams (f)	ضربة شمس

49. Los síntomas. Los tratamientos. Unidad 2

dolor (m)	alam (m)	ألم
astilla (f)	ʃaẓiyya (f)	شظيّة
sudor (m)	ʻirq (m)	عرق
sudar (vi)	ʻariq	عرق
vómito (m)	taqayyuʻ (m)	تقيؤ
convulsiones (f pl)	taʃannuʒāt (pl)	تشنّجات
embarazada (adj)	ḥāmil	حامل
nacer (vi)	wulid	وُلد
parto (m)	wilāda (f)	ولادة
dar a luz	walad	ولد
aborto (m)	iʒhāḍ (m)	إجهاض
respiración (f)	tanaffus (m)	تنفّس
inspiración (f)	istinʃāq (m)	إستنشاق
espiración (f)	zafīr (m)	زفير
espirar (vi)	zafar	زفر
inspirar (vi)	istanʃaq	إستنشق
inválido (m)	muʻāq (m)	معاق
mutilado (m)	muqʻad (m)	مقعد

drogadicto (m)	mudmin muxaddirāt (m)	مدمن مخدّرات
sordo (adj)	aṭraʃ	أطرش
mudo (adj)	axras	أخرس
sordomudo (adj)	aṭraʃ axras	أطرش أخرس
loco (adj)	maʒnūn	مجنون
loco (m)	maʒnūn (m)	مجنون
loca (f)	maʒnūna (f)	مجنونة
volverse loco	ʒunn	جُنّ
gen (m)	ʒīn (m)	جين
inmunidad (f)	manāʿa (f)	مناعة
hereditario (adj)	wirāθiy	وراثيّ
de nacimiento (adj)	xilqiy munð al wilāda	خلقيّ منذ الولادة
virus (m)	virūs (m)	فيروس
microbio (m)	mikrūb (m)	ميكروب
bacteria (f)	ʒurθūma (f)	جرثومة
infección (f)	ʿadwa (f)	عدوى

50. Los síntomas. Los tratamientos. Unidad 3

hospital (m)	mustaʃfa (m)	مستشفى
paciente (m)	marīḍ (m)	مريض
diagnosis (f)	taʃxīṣ (m)	تشخيص
cura (f)	ʿilāʒ (m)	علاج
tratamiento (m)	ʿilāʒ (m)	علاج
curarse (vr)	taʿālaʒ	تعالج
tratar (vt)	ʿālaʒ	عالج
cuidar (a un enfermo)	marraḍ	مرّض
cuidados (m pl)	ʿināya (f)	عناية
operación (f)	ʿamaliyya ʒaraḥiyya (f)	عمليّة جرحيّة
vendar (vt)	ḍammad	ضمّد
vendaje (m)	taḍmīd (m)	تضميد
vacunación (f)	talqīḥ (m)	تلقيح
vacunar (vt)	laqqaḥ	لقّح
inyección (f)	ḥuqna (f)	حقنة
aplicar una inyección	ḥaqan ibra	حقن إبرة
ataque (m)	nawba (f)	نوبة
amputación (f)	batr (m)	بتر
amputar (vt)	batar	بتر
coma (m)	yaybūba (f)	غيبوبة
estar en coma	kān fi ḥālat yaybūba	كان في حالة غيبوبة
revitalización (f)	al ʿināya al murakkaza (f)	العناية المركّزة
recuperarse (vr)	ʃufiy	شفي
estado (m) (de salud)	ḥāla (f)	حالة
consciencia (f)	waʿy	وعي
memoria (f)	ðākira (f)	ذاكرة
extraer (un diente)	xalaʿ	خلع

empaste (m)	ḥaʃw (m)	حشو
empastar (vt)	ḥaʃa	حشا
hipnosis (f)	at tanwīm al maɣnaṭīsiy (m)	التنويم المغناطيسيّ
hipnotizar (vt)	nawwam	نوّم

51. Los médicos

médico (m)	ṭabīb (m)	طبيب
enfermera (f)	mumarriḍa (f)	ممرّضة
médico (m) personal	duktūr ʃaxṣiy (m)	دكتور شخصيّ
dentista (m)	ṭabīb al asnān (m)	طبيب الأسنان
oftalmólogo (m)	ṭabīb al 'uyūn (m)	طبيب العيون
internista (m)	ṭabīb bāṭiniy (m)	طبيب باطنيّ
cirujano (m)	ʒarrāḥ (m)	جرّاح
psiquiatra (m)	ṭabīb nafsiy (m)	طبيب نفسيّ
pediatra (m)	ṭabīb al aṭfāl (m)	طبيب الأطفال
psicólogo (m)	sikulūʒiy (m)	سيكولوجيّ
ginecólogo (m)	ṭabīb an nisā' (m)	طبيب النساء
cardiólogo (m)	ṭabīb al qalb (m)	طبيب القلب

52. La medicina. Las drogas. Los accesorios

medicamento (m), droga (f)	dawā' (m)	دواء
remedio (m)	'ilāʒ (m)	علاج
prescribir (vt)	waṣaf	وصف
receta (f)	waṣfa (f)	وصفة
tableta (f)	qurṣ (m)	قرص
ungüento (m)	marham (m)	مرهم
ampolla (f)	ambūla (f)	أمبولة
mixtura (f), mezcla (f)	dawā' ʃarāb (m)	دواء شراب
sirope (m)	ʃarāb (m)	شراب
píldora (f)	ḥabba (f)	حبّة
polvo (m)	ðarūr (m)	ذرور
venda (f)	ḍammāda (f)	ضمادة
algodón (m) (discos de ~)	quṭn (m)	قطن
yodo (m)	yūd (m)	يود
tirita (f), curita (f)	blāstir (m)	بلاستر
pipeta (f)	māṣṣat al bastara (f)	ماصّة البسترة
termómetro (m)	tirmūmitr (m)	ترمومتر
jeringa (f)	miḥqana (f)	محقنة
silla (f) de ruedas	kursiy mutaḥarrik (m)	كرسيّ متحرّك
muletas (f pl)	'ukkāzān (du)	عكّازان
anestésico (m)	musakkin (m)	مسكّن
purgante (m)	mulayyin (m)	ملين

alcohol (m)	iθanūl (m)	إيثانول
hierba (f) medicinal	a'ʃāb ṭibbiyya (pl)	أعشاب طبية
de hierbas (té ~)	'uʃbiy	عشبي

EL AMBIENTE HUMANO

La ciudad

53. La ciudad. La vida en la ciudad

ciudad (f)	madīna (f)	مدينة
capital (f)	ʻāṣima (f)	عاصمة
aldea (f)	qarya (f)	قرية
plano (m) de la ciudad	xarīṭat al madīna (f)	خريطة المدينة
centro (m) de la ciudad	markaz al madīna (m)	مركز المدينة
suburbio (m)	ḍāḥiya (f)	ضاحية
suburbano (adj)	aḍ ḍawāḥi	الضواحي
arrabal (m)	aṭrāf al madīna (pl)	أطراف المدينة
afueras (f pl)	ḍawāḥi al madīna (pl)	ضواحي المدينة
barrio (m)	ḥayy (m)	حيّ
zona (f) de viviendas	ḥayy sakaniy (m)	حي سكني
tráfico (m)	ḥarakat al murūr (f)	حركة المرور
semáforo (m)	iʃārāt al murūr (pl)	إشارات المرور
transporte (m) urbano	wasāʼil an naql (pl)	وسائل النقل
cruce (m)	taqāṭuʻ (m)	تقاطع
paso (m) de peatones	maʻbar al muʃāt (m)	معبر المشاة
paso (m) subterráneo	nafaq muʃāt (m)	نفق مشاة
cruzar (vt)	ʻabar	عبر
peatón (m)	māʃi (m)	ماش
acera (f)	raṣīf (m)	رصيف
puente (m)	ʒisr (m)	جسر
muelle (m)	kurnīʃ (m)	كورنيش
fuente (f)	nāfūra (f)	نافورة
alameda (f)	mamʃa (m)	ممشى
parque (m)	ḥadīqa (f)	حديقة
bulevar (m)	bulvār (m)	بولفار
plaza (f)	maydān (m)	ميدان
avenida (f)	ʃāriʻ (m)	شارع
calle (f)	ʃāriʻ (m)	شارع
callejón (m)	zuqāq (m)	زقاق
callejón (m) sin salida	ṭarīq masdūd (m)	طريق مسدود
casa (f)	bayt (m)	بيت
edificio (m)	mabna (m)	مبنى
rascacielos (m)	nāṭiḥat saḥāb (f)	ناطحة سحاب
fachada (f)	wāʒiha (f)	واجهة
techo (m)	saqf (m)	سقف

ventana (f)	ʃubbāk (m)	شبّاك
arco (m)	qaws (m)	قوس
columna (f)	'amūd (m)	عمود
esquina (f)	zāwiya (f)	زاوية
escaparate (f)	vatrīna (f)	فترينة
letrero (m) (~ luminoso)	lāfita (f)	لافتة
cartel (m)	mulṣaq (m)	ملصق
cartel (m) publicitario	mulṣaq i'lāniy (m)	ملصق إعلاني
valla (f) publicitaria	lawḥat i'lānāt (f)	لوحة إعلانات
basura (f)	zubāla (f)	زبالة
cajón (m) de basura	ṣundūq zubāla (m)	صندوق زبالة
tirar basura	rama zubāla	رمى زبالة
basurero (m)	mazbala (f)	مزبلة
cabina (f) telefónica	kuʃk tilifūn (m)	كشك تليفون
farola (f)	'amūd al miṣbāḥ (m)	عمود المصباح
banco (m) (del parque)	dikka (f), kursiy (m)	دكّة, كرسي
policía (m)	ʃurṭiy (m)	شرطي
policía (f) (~ nacional)	ʃurṭa (f)	شرطة
mendigo (m)	ʃaḥḥāð (m)	شحّاذ
persona (f) sin hogar	mutaʃarrid (m)	متشرّد

54. Las instituciones urbanas

tienda (f)	maḥall (m)	محلّ
farmacia (f)	ṣaydaliyya (f)	صيدليّة
óptica (f)	al adawāt al baṣariyya (pl)	الأدوات البصريّة
centro (m) comercial	markaz tiʒāriy (m)	مركز تجاري
supermercado (m)	subirmarkit (m)	سوبرماركت
panadería (f)	maxbaz (m)	مخبز
panadero (m)	xabbāz (m)	خبّاز
pastelería (f)	dukkān ḥalawāniy (m)	دكّان حلواني
tienda (f) de comestibles	baqqāla (f)	بقّالة
carnicería (f)	malḥama (f)	ملحمة
verdulería (f)	dukkān xuḍār (m)	دكّان خضار
mercado (m)	sūq (f)	سوق
cafetería (f)	kafé (m), maqha (m)	كافيه, مقهى
restaurante (m)	maṭ'am (m)	مطعم
cervecería (f)	ḥāna (f)	حانة
pizzería (f)	maṭ'am pizza (m)	مطعم بيتزا
peluquería (f)	ṣālūn ḥilāqa (m)	صالون حلاقة
oficina (f) de correos	maktab al barīd (m)	مكتب البريد
tintorería (f)	tanẓīf ʒāff (m)	تنظيف جافّ
estudio (m) fotográfico	istūdiyu taṣwīr (m)	إستوديو تصوير
zapatería (f)	maḥall aḥðiya (m)	محلّ أحذية
librería (f)	maḥall kutub (m)	محلّ كتب

tienda (f) deportiva	maḥall riyāḍiy (m)	محلّ رياضيّ
arreglos (m pl) de ropa	maḥall χiyāṭat malābis (m)	محلّ خياطة ملابس
alquiler (m) de ropa	maḥall ta'ʒīr malābis rasmiyya (m)	محلّ تأجير ملابس رسمية
videoclub (m)	maḥal ta'ʒīr vidiyu (m)	محلّ تأجير فيديو
circo (m)	sirk (m)	سيرك
zoológico (m)	ḥadīqat al ḥayawān (f)	حديقة حيوان
cine (m)	sinima (f)	سينما
museo (m)	matḥaf (m)	متحف
biblioteca (f)	maktaba (f)	مكتبة
teatro (m)	masraḥ (m)	مسرح
ópera (f)	ubra (f)	أوبرا
club (m) nocturno	malha layliy (m)	ملهى ليليّ
casino (m)	kazinu (m)	كازينو
mezquita (f)	masʒid (m)	مسجد
sinagoga (f)	kanīs ma'bad yahūdiy (m)	كنيس معبد يهوديّ
catedral (f)	katidrā'iyya (f)	كاتدرائيّة
templo (m)	ma'bad (m)	معبد
iglesia (f)	kanīsa (f)	كنيسة
instituto (m)	kulliyya (f)	كلّيّة
universidad (f)	ʒāmi'a (f)	جامعة
escuela (f)	madrasa (f)	مدرسة
prefectura (f)	muqāṭa'a (f)	مقاطعة
alcaldía (f)	baladiyya (f)	بلديّة
hotel (m)	funduq (m)	فندق
banco (m)	bank (m)	بنك
embajada (f)	safāra (f)	سفارة
agencia (f) de viajes	ʃarikat siyāḥa (f)	شركة سياحة
oficina (f) de información	maktab al isti'lāmāt (m)	مكتب الإستعلامات
oficina (f) de cambio	ṣarrāfa (f)	صرّافة
metro (m)	mitru (m)	مترو
hospital (m)	mustaʃfa (m)	مستشفى
gasolinera (f)	maḥaṭṭat banzīn (f)	محطّة بنزين
aparcamiento (m)	mawqif as sayyārāt (m)	موقف السيّارات

55. Los avisos

letrero (m) (~ luminoso)	lāfita (f)	لافتة
cartel (m) (texto escrito)	bayān (m)	بيان
pancarta (f)	mulṣaq i'lāniy (m)	ملصق إعلانيّ
señal (m) de dirección	'alāmat ittiʒāh (f)	علامة إتّجاه
flecha (f) (signo)	'alāmat iʃāra (f)	علامة إشارة
advertencia (f)	taḥðīr (m)	تحذير
aviso (m)	lāfitat taḥðīr (f)	لافتة تحذير
advertir (vt)	ḥaððar	حذّر

día (m) de descanso	yawm 'uṭla (m)	يوم عطلة
horario (m)	ӡadwal (m)	جدول
horario (m) de apertura	awqāt al 'amal (pl)	أوقات العمل

¡BIENVENIDOS!	ahlan wa sahlan!	أهلًا وسهلًا
ENTRADA	duχūl	دخول
SALIDA	χurūӡ	خروج

EMPUJAR	idfa'	إدفع
TIRAR	isḥab	إسحب
ABIERTO	maftūḥ	مفتوح
CERRADO	muɣlaq	مغلق

MUJERES	lis sayyidāt	للسيدات
HOMBRES	lir riӡāl	للرجال

REBAJAS	χaṣm	خصم
SALDOS	taχfīḍāt	تخفيضات
NOVEDAD	ӡadīd!	جديد!
GRATIS	maӡӡānan	مجّانًا

¡ATENCIÓN!	intibāh!	إنتباه!
COMPLETO	kull al amākin maḥӡūza	كل الأماكن محجوزة
RESERVADO	maḥӡūz	محجوز

ADMINISTRACIÓN	idāra	إدارة
SÓLO PERSONAL AUTORIZADO	lil 'āmilīn faqaṭ	للعاملين فقط

CUIDADO CON EL PERRO	iḥðar wuӡūd al kalb	إحذر وجود الكلب
PROHIBIDO FUMAR	mamnū' at tadχīn	ممنوع التدخين
NO TOCAR	'adam al lams	عدم اللمس

PELIGROSO	χaṭīr	خطير
PELIGRO	χaṭar	خطر
ALTA TENSIÓN	tayyār 'āli	تيّار عالي
PROHIBIDO BAÑARSE	as sibāḥa mamnū'a	السباحة ممنوعة
NO FUNCIONA	mu'aṭṭal	معطّل

INFLAMABLE	sarī' al iſti'āl	سريع الإشتعال
PROHIBIDO	mamnū'	ممنوع
PROHIBIDO EL PASO	mamnū' al murūr	ممنوع المرور
RECIÉN PINTADO	iḥðar ṭilā' ɣayr ӡāff	إحذر طلاء غير جاف

56. El transporte urbano

autobús (m)	bāṣ (m)	باص
tranvía (m)	trām (m)	ترام
trolebús (m)	truli bāṣ (m)	ترولي باص
itinerario (m)	χaṭṭ (m)	خطّ
número (m)	raqm (m)	رقم
ir en ...	rakib ...	ركب...
tomar (~ el autobús)	rakib	ركب

bajar (~ del tren)	nazil min	نزل من
parada (f)	mawqif (m)	موقف
próxima parada (f)	al maḥaṭṭa al qādima (f)	المحطّة القادمة
parada (f) final	āxir maḥaṭṭa (f)	آخر محطّة
horario (m)	ӡadwal (m)	جدول
esperar (aguardar)	intazar	إنتظر
billete (m)	taðkira (f)	تذكرة
precio (m) del billete	uӡra (f)	أجرة
cajero (m)	ṣarrāf (m)	صرّاف
control (m) de billetes	taftīʃ taðkira (m)	تفتيش تذكرة
revisor (m)	mufattiʃ taðākir (m)	مفتّش تذاكر
llegar tarde (vi)	ta'axxar	تأخّر
perder (~ el tren)	ta'axxar	تأخّر
tener prisa	istaʿӡal	إستعجل
taxi (m)	taksi (m)	تاكسي
taxista (m)	sā'iq taksi (m)	سائق تاكسي
en taxi	bit taksi	بالتاكسي
parada (f) de taxi	mawqif taksi (m)	موقف تاكسي
llamar un taxi	kallam tāksi	كلّم تاكسي
tomar un taxi	axað taksi	أخذ تاكسي
tráfico (m)	ḥarakat al murūr (f)	حركة المرور
atasco (m)	zaḥmat al murūr (f)	زحمة المرور
horas (f pl) de punta	sāʿat að ðurwa (f)	ساعة الذروة
aparcar (vi)	awqaf	أوقف
aparcar (vt)	awqaf	أوقف
aparcamiento (m)	mawqif as sayyārāt (m)	موقف السيارات
metro (m)	mitru (m)	مترو
estación (f)	maḥaṭṭa (f)	محطّة
ir en el metro	rakib al mitru	ركب المترو
tren (m)	qiṭār (m)	قطار
estación (f)	maḥaṭṭat qiṭār (f)	محطّة قطار

57. El turismo. La excursión

monumento (m)	timθāl (m)	تمثال
fortaleza (f)	qalʿa (f), ḥiṣn (m)	قلعة, حصن
palacio (m)	qaṣr (m)	قصر
castillo (m)	qalʿa (f)	قلعة
torre (f)	burӡ (m)	برج
mausoleo (m)	ḍarīḥ (m)	ضريح
arquitectura (f)	handasa miʿmāriyya (f)	هندسة معماريّة
medieval (adj)	min al qurūn al wusṭa	من القرون الوسطى
antiguo (adj)	qadīm	قديم
nacional (adj)	waṭaniy	وطنيّ
conocido (adj)	maʃhūr	مشهور
turista (m)	sā'iḥ (m)	سائح
guía (m) (persona)	murʃid (m)	مرشد

excursión (f)	ʒawla (f)	جولة
mostrar (vt)	'araḍ	عرض
contar (una historia)	ḥaddaθ	حدث
encontrar (hallar)	waʒad	وجد
perderse (vr)	ḍāʻ	ضاع
plano (m) (~ de metro)	χarīṭa (f)	خريطة
mapa (m) (~ de la ciudad)	χarīṭa (f)	خريطة
recuerdo (m)	tiðkār (m)	تذكار
tienda (f) de regalos	maḥall hadāya (m)	محلّ هدايا
hacer fotos	ṣawwar	صوّر
fotografiarse (vr)	taṣawwar	تصوّر

58. Las compras

comprar (vt)	iʃtara	إشترى
compra (f)	ʃay' (m)	شيء
hacer compras	iʃtara	إشترى
compras (f pl)	ʃubinɣ (m)	شوبينغ
estar abierto (tienda)	maftūḥ	مفتوح
estar cerrado	muɣlaq	مغلق
calzado (m)	aḥðiya (pl)	أحذية
ropa (f)	malābis (pl)	ملابس
cosméticos (m pl)	mawādd at taʒmīl (pl)	موادّ التجميل
productos alimenticios	ma'kūlāt (pl)	مأكولات
regalo (m)	hadiyya (f)	هديّة
vendedor (m)	bā'iʻ (m)	بائع
vendedora (f)	bā'iʻa (f)	بائعة
caja (f)	ṣundū' ad dafʻ (m)	صندوق الدفع
espejo (m)	mir'āt (f)	مرآة
mostrador (m)	minḍada (f)	منضدة
probador (m)	ɣurfat al qiyās (f)	غرفة القياس
probar (un vestido)	ʒarrab	جرّب
quedar (una ropa, etc.)	nāsab	ناسب
gustar (vi)	aʻʒab	أعجب
precio (m)	siʻr (m)	سعر
etiqueta (f) de precio	tikit as siʻr (m)	تيكت السعر
costar (vt)	kallaf	كلف
¿Cuánto?	bikam?	بكم؟
descuento (m)	χaṣm (m)	خصم
no costoso (adj)	ɣayr ɣāli	غير غال
barato (adj)	raχīṣ	رخيص
caro (adj)	ɣāli	غال
Es caro	haða ɣāli	هذا غال
alquiler (m)	isti'ʒār (m)	إستئجار
alquilar (vt)	ista'ʒar	إستأجر

crédito (m)	i'timān (m)	إئتمان
a crédito (adv)	bid dayn	بالدين

59. El dinero

dinero (m)	nuqūd (pl)	نقود
cambio (m)	taḥwīl 'umla (m)	تحويل عملة
curso (m)	si'r aṣ ṣarf (m)	سعر الصرف
cajero (m) automático	ṣarrāf 'āliy (m)	صرّاف آليّ
moneda (f)	qiṭ'a naqdiyya (f)	قطعة نقديّة
dólar (m)	dulār (m)	دولار
euro (m)	yuru (m)	يورو
lira (f)	lira iṭāliyya (f)	ليرة إيطالية
marco (m) alemán	mark almāniy (m)	مارك ألماني
franco (m)	frank (m)	فرنك
libra esterlina (f)	ʒunayh istirlīniy (m)	جنيه استرليني
yen (m)	yīn (m)	ين
deuda (f)	dayn (m)	دين
deudor (m)	mudīn (m)	مدين
prestar (vt)	sallaf	سلّف
tomar prestado	istalaf	إستلف
banco (m)	bank (m)	بنك
cuenta (f)	ḥisāb (m)	حساب
ingresar (~ en la cuenta)	awda'	أودع
ingresar en la cuenta	awda' fil ḥisāb	أودع في الحساب
sacar de la cuenta	saḥab min al ḥisāb	سحب من الحساب
tarjeta (f) de crédito	biṭāqat i'timān (f)	بطاقة إئتمان
dinero (m) en efectivo	nuqūd (pl)	نقود
cheque (m)	ʃīk (m)	شيك
sacar un cheque	katab ʃīk	كتب شيكًا
talonario (m)	daftar ʃīkāt (m)	دفتر شيكات
cartera (f)	maḥfaẓat ʒīb (f)	محفظة جيب
monedero (m)	maḥfaẓat fakka (f)	محفظة فكّة
caja (f) fuerte	xizāna (f)	خزانة
heredero (m)	wāris (m)	وارث
herencia (f)	wirāθa (f)	وراثة
fortuna (f)	θarwa (f)	ثروة
arriendo (m)	'īʒār (m)	إيجار
alquiler (m) (dinero)	uʒrat as sakan (f)	أجرة السكن
alquilar (~ una casa)	ista'ʒar	إستأجر
precio (m)	si'r (m)	سعر
coste (m)	θaman (m)	ثمن
suma (f)	mablaɣ (m)	مبلغ
gastar (vt)	ṣaraf	صرف
gastos (m pl)	maṣārīf (pl)	مصاريف

economizar (vi, vt)	waffar	وفَّر
económico (adj)	muwaffir	موفِّر
pagar (vi, vt)	dafaʻ	دفع
pago (m)	dafʻ (m)	دفع
cambio (m) (devolver el ~)	al bāqi (m)	الباقي
impuesto (m)	ḍarība (f)	ضريبة
multa (f)	ɣarāma (f)	غرامة
multar (vt)	faraḍ ɣarāma	فرض غرامة

60. La oficina de correos

oficina (f) de correos	maktab al barīd (m)	مكتب البريد
correo (m) (cartas, etc.)	al barīd (m)	البريد
cartero (m)	sāʻi al barīd (m)	ساعي البريد
horario (m) de apertura	awqāt al ʻamal (pl)	أوقات العمل
carta (f)	risāla (f)	رسالة
carta (f) certificada	risāla musaǯǯala (f)	رسالة مسجَّلة
tarjeta (f) postal	biṭāqa barīdiyya (f)	بطاقة بريديّة
telegrama (m)	barqiyya (f)	برقيّة
paquete (m) postal	ṭard (m)	طرد
giro (m) postal	ḥawāla māliyya (f)	حوالة ماليّة
recibir (vt)	istalam	إستلم
enviar (vt)	arsal	أرسل
envío (m)	irsāl (m)	إرسال
dirección (f)	ʻunwān (m)	عنوان
código (m) postal	raqm al barīd (m)	رقم البريد
expedidor (m)	mursil (m)	مرسل
destinatario (m)	mursal ilayh (m)	مرسل إليه
nombre (m)	ism (m)	إسم
apellido (m)	ism al ʻāʼila (m)	إسم العائلة
tarifa (f)	taʻrīfa (f)	تعريفة
ordinario (adj)	ʻādiy	عاديّ
económico (adj)	muwaffir	موفِّر
peso (m)	wazn (m)	وزن
pesar (~ una carta)	wazan	وزن
sobre (m)	ẓarf (m)	ظرف
sello (m)	ṭābiʻ (m)	طابع
poner un sello	alṣaq ṭābiʻ	ألصق طابعا

La vivienda. La casa. El hogar

61. La casa. La electricidad

electricidad (f)	kahrabā' (m)	كهرباء
bombilla (f)	lamba (f)	لمبة
interruptor (m)	miftāḥ (m)	مفتاح
fusible (m)	fāṣima (f)	فاصمة
cable, hilo (m)	silk (m)	سلك
instalación (f) eléctrica	aslāk (pl)	أسلاك
contador (m) de luz	'addād (m)	عدّاد
lectura (f) (~ del contador)	qirā'a (f)	قراءة

62. La villa. La mansión

casa (f) de campo	bayt rīfiy (m)	بيت ريفيّ
villa (f)	villa (f)	فيلا
ala (f)	ʒanāḥ (m)	جناح
jardín (m)	ḥadīqa (f)	حديقة
parque (m)	ḥadīqa (f)	حديقة
invernadero (m) tropical	dafī'a (f)	دفيئة
cuidar (~ el jardín, etc.)	ihtamm	إهتمّ
piscina (f)	masbaḥ (m)	مسبح
gimnasio (m)	qā'at at tamrīnāt (f)	قاعة التمرينات
cancha (f) de tenis	mal'ab tinis (m)	ملعب تنس
sala (f) de cine	sinima manziliyya (f)	سينما منزليّة
garaje (m)	qarāʒ (m)	جراج
propiedad (f) privada	milkiyya xāṣṣa (f)	ملكيّة خاصّة
terreno (m) privado	arḍ xāṣṣa (m)	أرض خاصّة
advertencia (f)	taḥðīr (m)	تحذير
letrero (m) de aviso	lāfitat taḥðīr (f)	لافتة تحذير
seguridad (f)	ḥirāsa (f)	حراسة
guardia (m) de seguridad	ḥāris amn (m)	حارس أمن
alarma (f) antirrobo	ʒihāð inðār (m)	جهاز انذار

63. El apartamento

apartamento (m)	ʃaqqa (f)	شقّة
habitación (f)	ɣurfa (f)	غرفة
dormitorio (m)	ɣurfat an nawm (f)	غرفة النوم

comedor (m)	ɣurfat il akl (f)	غرفة الأكل
salón (m)	ṣālat al istiqbāl (f)	صالة الإستقبال
despacho (m)	maktab (m)	مكتب
antecámara (f)	madχal (m)	مدخل
cuarto (m) de baño	ḥammām (m)	حمّام
servicio (m)	ḥammām (m)	حمّام
techo (m)	saqf (m)	سقف
suelo (m)	arḍ (f)	أرض
rincón (m)	zāwiya (f)	زاوية

64. Los muebles. El interior

muebles (m pl)	aθāθ (m)	أثاث
mesa (f)	maktab (m)	مكتب
silla (f)	kursiy (m)	كرسيّ
cama (f)	sarīr (m)	سرير
sofá (m)	kanaba (f)	كنبة
sillón (m)	kursiy (m)	كرسيّ
librería (f)	χizānat kutub (f)	خزانة كتب
estante (m)	raff (m)	رف
armario (m)	dūlāb (m)	دولاب
percha (f)	ʃammāʿa (f)	شمّاعة
perchero (m) de pie	ʃammāʿa (f)	شمّاعة
cómoda (f)	dulāb adrāʒ (m)	دولاب أدراج
mesa (f) de café	ṭāwilat al qahwa (f)	طاولة القهوة
espejo (m)	mirʾāt (f)	مرآة
tapiz (m)	siʒāda (f)	سجادة
alfombra (f)	siʒāda (f)	سجادة
chimenea (f)	midfaʾa ḥāʾiṭiyya (f)	مدفأة حائطيّة
vela (f)	ʃamʿa (f)	شمعة
candelero (m)	ʃamʿadān (m)	شمعدان
cortinas (f pl)	satāʾir (pl)	ستائر
empapelado (m)	waraq ḥīṭān (m)	ورق حيطان
estor (m) de láminas	haṣīrat ʃubbāk (f)	حصيرة شبّاك
lámpara (f) de mesa	miṣbāḥ aṭ ṭāwila (m)	مصباح الطاولة
aplique (m)	miṣbāḥ al ḥāʾiṭ (m)	مصباح الحائط
lámpara (f) de pie	miṣbāḥ arḍiy (m)	مصباح أرضيّ
lámpara (f) de araña	naʒafa (f)	نجفة
pata (f) (~ de la mesa)	riʒl (f)	رجل
brazo (m)	masnad (m)	مسند
espaldar (m)	masnad (m)	مسند
cajón (m)	durʒ (m)	درج

65. Los accesorios de cama

ropa (f) de cama	bayāḍāt as sarīr (pl)	بياضات السرير
almohada (f)	wisāda (f)	وسادة
funda (f)	kīs al wisāda (m)	كيس الوسادة
manta (f)	baṭṭāniyya (f)	بطّانيّة
sábana (f)	milāya (f)	ملاية
sobrecama (f)	ɣiṭā' as sarīr (m)	غطاء السرير

66. La cocina

cocina (f)	maṭbax (m)	مطبخ
gas (m)	ɣāz (m)	غاز
cocina (f) de gas	butuɣāz (m)	بوتوغاز
cocina (f) eléctrica	furn kaharabā'iy (m)	فرن كهربائيّ
horno (m)	furn (m)	فرن
horno (m) microondas	furn al mikruwayv (m)	فرن الميكروويف
frigorífico (m)	θallāʒa (f)	ثلاجة
congelador (m)	frīzir (m)	فريزر
lavavajillas (m)	ɣassāla (f)	غسّالة
picadora (f) de carne	farrāmat laḥm (f)	فرّامة لحم
exprimidor (m)	'aṣṣāra (f)	عصّارة
tostador (m)	maḥmaṣat xubz (f)	محمصة خبز
batidora (f)	xallāṭ (m)	خلّاط
cafetera (f) (aparato de cocina)	mākinat ṣan' al qahwa (f)	ماكينة صنع القهوة
cafetera (f) (para servir)	kanaka (f)	كنكة
molinillo (m) de café	maṭḥanat qahwa (f)	مطحنة قهوة
hervidor (m) de agua	barrād (m)	برّاد
tetera (f)	barrād aʃ ʃāy (m)	برّاد الشاي
tapa (f)	ɣiṭā' (m)	غطاء
colador (m) de té	miṣfāt (f)	مصفاة
cuchara (f)	mil'aqa (f)	ملعقة
cucharilla (f)	mil'aqat ʃāy (f)	ملعقة شاي
cuchara (f) de sopa	mil'aqa kabīra (f)	ملعقة كبيرة
tenedor (m)	ʃawka (f)	شوكة
cuchillo (m)	sikkīn (m)	سكّين
vajilla (f)	ṣuḥūn (pl)	صحون
plato (m)	ṭabaq (m)	طبق
platillo (m)	ṭabaq finʒān (m)	طبق فنجان
vaso (m) de chupito	ka's (f)	كأس
vaso (m) (~ de agua)	kubbāya (f)	كبّاية
taza (f)	finʒān (m)	فنجان
azucarera (f)	sukkariyya (f)	سكّريّة
salero (m)	mamlaḥa (f)	مملحة

pimentero (m)	mabhara (f)	مبهرة
mantequera (f)	ṣuḥn zubda (m)	صحن زبدة
cacerola (f)	kassirūlla (f)	كاسرولة
sartén (f)	ṭāsa (f)	طاسة
cucharón (m)	miɣrafa (f)	مغرفة
colador (m)	miṣfāt (f)	مصفاة
bandeja (f)	ṣīniyya (f)	صينية
botella (f)	zuʒāʒa (f)	زجاجة
tarro (m) de vidrio	barṭamān (m)	برطمان
lata (f)	tanaka (f)	تنكة
abrebotellas (m)	fattāḥa (f)	فتّاحة
abrelatas (m)	fattāḥa (f)	فتّاحة
sacacorchos (m)	barrīma (f)	بريمة
filtro (m)	filtir (m)	فلتر
filtrar (vt)	ṣaffa	صفّى
basura (f)	zubāla (f)	زبالة
cubo (m) de basura	ṣundūq az zubāla (m)	صندوق الزبالة

67. El baño

cuarto (m) de baño	ḥammām (m)	حمّام
agua (f)	māʾ (m)	ماء
grifo (m)	ḥanafiyya (f)	حنفيّة
agua (f) caliente	māʾ sāxin (m)	ماء ساخن
agua (f) fría	māʾ bārid (m)	ماء بارد
pasta (f) de dientes	maʿʒūn asnān (m)	معجون أسنان
limpiarse los dientes	naẓẓaf al asnān	نظّف الأسنان
cepillo (m) de dientes	furʃat asnān (f)	فرشة أسنان
afeitarse (vr)	ḥalaq	حلق
espuma (f) de afeitar	raɣwa lil ḥilāqa (f)	رغوة للحلاقة
maquinilla (f) de afeitar	mūs ḥilāqa (m)	موس حلاقة
lavar (vt)	ɣasal	غسل
darse un baño	istaḥamm	إستحمّ
ducha (f)	dūʃ (m)	دوش
darse una ducha	axað ad duʃ	أخذ الدش
bañera (f)	ḥawḍ istiḥmām (m)	حوض استحمام
inodoro (m)	mirḥāḍ (m)	مرحاض
lavabo (m)	ḥawḍ (m)	حوض
jabón (m)	ṣābūn (m)	صابون
jabonera (f)	ṣabbāna (f)	صبّانة
esponja (f)	līfa (f)	ليفة
champú (m)	ʃāmbū (m)	شامبو
toalla (f)	fūṭa (f)	فوطة
bata (f) de baño	θawb ḥammām (m)	ثوب حمّام

colada (f), lavado (m)	ɣasīl (m)	غَسيل
lavadora (f)	ɣassāla (f)	غَسّالة
lavar la ropa	ɣasal al malābis	غَسل المَلابِس
detergente (m) en polvo	mashūq ɣasīl (m)	مسحوق غسيل

68. Los aparatos domésticos

televisor (m)	tilivizyūn (m)	تليفزيون
magnetófono (m)	ʒihāz tasʒīl (m)	جهاز تسجيل
vídeo (m)	ʒihāz tasʒīl vidiyu (m)	جهاز تسجيل فيديو
radio (m)	ʒihāz radiyu (m)	جهاز راديو
reproductor (m) (~ MP3)	blayir (m)	بلَيير
proyector (m) de vídeo	ʿāriḍ vidiyu (m)	عارض فيديو
sistema (m) home cinema	sinima manziliyya (f)	سينما منزليّة
reproductor (m) de DVD	di vi di (m)	دي في دي
amplificador (m)	mukabbir aṣ ṣawt (m)	مكبِّر الصوت
videoconsola (f)	ʾatāri (m)	أتاري
cámara (f) de vídeo	kamira vidiyu (f)	كاميرا فيديو
cámara (f) fotográfica	kamira (f)	كاميرا
cámara (f) digital	kamira diʒital (f)	كاميرا ديجيتال
aspirador (m), aspiradora (f)	miknasa kahrabāʾiyya (f)	مكنسة كهربائيّة
plancha (f)	makwāt (f)	مكواة
tabla (f) de planchar	lawḥat kayy (f)	لوحة كيّ
teléfono (m)	hātif (m)	هاتف
teléfono (m) móvil	hātif maḥmūl (m)	هاتف محمول
máquina (f) de escribir	ʾāla katiba (f)	آلة كاتبة
máquina (f) de coser	ʾalat al xiyāṭa (f)	آلة الخياطة
micrófono (m)	mikrufūn (m)	ميكروفون
auriculares (m pl)	sammāʿāt raʾsiya (pl)	سمّاعات رأسيّة
mando (m) a distancia	rimuwt kuntrūl (m)	ريموت كنترول
CD (m)	si di (m)	سي دي
casete (m)	ʃarīṭ (m)	شريط
disco (m) de vinilo	usṭuwāna (f)	أسطوانة

LAS ACTIVIDADES DE LA GENTE

El trabajo. Los negocios. Unidad 1

69. La oficina. El trabajo de oficina

oficina (f)	maktab (m)	مكتب
despacho (m)	maktab (m)	مكتب
recepción (f)	istiqbāl (m)	إستقبال
secretario (m)	sikirtīr (m)	سكرتير
director (m)	mudīr (m)	مدير
manager (m)	mudīr (m)	مدير
contable (m)	muḥāsib (m)	محاسب
colaborador (m)	muwaẓẓaf (m)	موظّف
muebles (m pl)	aθāθ (m)	أثاث
escritorio (m)	maktab (m)	مكتب
silla (f)	kursiy (m)	كرسيّ
cajonera (f)	waḥdat adrāʒ (f)	وحدة أدراج
perchero (m) de pie	ʃammāʿa (f)	شمّاعة
ordenador (m)	kumbyūtir (m)	كمبيوتر
impresora (f)	ṭābiʿa (f)	طابعة
fax (m)	faks (m)	فاكس
fotocopiadora (f)	ʾālat nasχ (f)	آلة نسخ
papel (m)	waraq (m)	ورق
papelería (f)	adawāt al kitāba (pl)	أدوات الكتابة
alfombrilla (f) para ratón	wisādat faʾra (f)	وسادة فأرة
hoja (f) de papel	waraqa (f)	ورقة
carpeta (f)	malaff (m)	ملفّ
catálogo (m)	fihris (m)	فهرس
directorio (m) telefónico	dalīl at tilifūn (m)	دليل التليفون
documentación (f)	waθāʾiq (pl)	وثائق
folleto (m)	naʃra (f)	نشرة
prospecto (m)	manʃūr (m)	منشور
muestra (f)	namūðaʒ (m)	نموذج
reunión (f) de formación	iʒtimāʿ tadrīb (m)	إجتماع تدريب
reunión (f)	iʒtimāʿ (m)	إجتماع
pausa (f) del almuerzo	fatrat al yadāʾ (f)	فترة الغذاء
hacer una copia	ṣawwar	صوّر
hacer copias	ṣawwar	صوّر
recibir un fax	istalam faks	إستلم فاكس
enviar un fax	arsal faks	أرسل فاكس
llamar por teléfono	ittaṣal	إتّصل

responder (vi, vt)	radd	ردّ
poner en comunicación	waṣṣal	وصّل
fijar (~ una reunión)	ḥaddad	حدّد
demostrar (vt)	ʻaraḍ	عرض
estar ausente	ɣāb	غاب
ausencia (f)	ɣiyāb (m)	غياب

70. Los procesos de negocio. Unidad 1

ocupación (f)	ʃuɣl (m)	شغل
firma (f)	ʃarika (f)	شركة
compañía (f)	ʃarika (f)	شركة
corporación (f)	muʼassasa tiʒāriyya (f)	مؤسسة تجارية
empresa (f)	ʃarika (f)	شركة
agencia (f)	wikāla (f)	وكالة
acuerdo (m)	ittifāqiyya (f)	إتّفاقيّة
contrato (m)	ʻaqd (m)	عقد
trato (m), acuerdo (m)	ṣafqa (f)	صفقة
pedido (m)	ṭalab (m)	طلب
condición (f) del contrato	ʃarṭ (m)	شرط
al por mayor (adv)	bil ʒumla	بالجملة
al por mayor (adj)	al ʒumla	الجملة
venta (f) al por mayor	bayʻ bil ʒumla (m)	بيع بالجملة
al por menor (adj)	at taʒziʼa	التجزئة
venta (f) al por menor	bayʻ bit taʒziʼa (m)	بيع بالتجزئة
competidor (m)	munāfis (m)	منافس
competencia (f)	munāfasa (f)	منافسة
competir (vi)	nāfas	نافس
socio (m)	ʃarīk (m)	شريك
sociedad (f)	ʃirāka (f)	شراكة
crisis (f)	azma (f)	أزمة
bancarrota (f)	iflās (m)	إفلاس
ir a la bancarrota	aflas	أفلس
dificultad (f)	ṣuʻūba (f)	صعوبة
problema (m)	muʃkila (f)	مشكلة
catástrofe (f)	kāriθa (f)	كارثة
economía (f)	iqtiṣād (m)	إقتصاد
económico (adj)	iqtiṣādiy	إقتصاديّ
recesión (f) económica	rukūd iqtiṣādiy (m)	ركود إقتصاديّ
meta (f)	hadaf (m)	هدف
objetivo (m)	muhimma (f)	مهمّة
comerciar (vi)	tāʒir	تاجر
red (f) (~ comercial)	ʃabaka (f)	شبكة
existencias (f pl)	al maxzūn (m)	المخزون
surtido (m)	taʃkīla (f)	تشكيلة

líder (m)	qāʾid (m)	قائد
grande (empresa ~)	kabīr	كبير
monopolio (m)	iḥtikār (m)	إحتكار
teoría (f)	naẓariyya (f)	نظريّة
práctica (f)	mumārasa (f)	ممارسة
experiencia (f)	xibra (f)	خبرة
tendencia (f)	ittiʒāh (m)	إتجاه
desarrollo (m)	tanmiya (f)	تنمية

71. Los procesos de negocio. Unidad 2

rentabilidad (f)	ribḥ (m)	ربح
rentable (adj)	murbiḥ	مربح
delegación (f)	wafd (m)	وفد
salario (m)	murattab (m)	مرتّب
corregir (un error)	ṣaḥḥaḥ	صحّح
viaje (m) de negocios	riḥlat ʿamal (f)	رحلة عمل
comisión (f)	laʒna (f)	لجنة
controlar (vt)	taḥakkam	تحكّم
conferencia (f)	muʾtamar (m)	مؤتمر
licencia (f)	ruxṣa (f)	رخصة
fiable (socio ~)	mawθūq	موثوق
iniciativa (f)	mubādara (f)	مبادرة
norma (f)	miʿyār (m)	معيار
circunstancia (f)	ẓarf (m)	ظرف
deber (m)	wāʒib (m)	واجب
empresa (f)	munaẓẓama (f)	منظّمة
organización (f) (proceso)	tanẓīm (m)	تنظيم
organizado (adj)	munaẓẓam	منظّم
anulación (f)	ilɣāʾ (m)	إلغاء
anular (vt)	alɣa	ألغى
informe (m)	taqrīr (m)	تقرير
patente (m)	baraʾat al ixtirāʿ (f)	براءة الإختراع
patentar (vt)	saʒʒal barāʾat al ixtirāʿ	سجّل براءة الإختراع
planear (vt)	xaṭṭaṭ	خطّط
premio (m)	ʿilāwa (f)	علاوة
profesional (adj)	mihaniy	مهني
procedimiento (m)	iʒrāʾ (m)	إجراء
examinar (vt)	baḥaθ	بحث
cálculo (m)	ḥisāb (m)	حساب
reputación (f)	sumʿa (f)	سمعة
riesgo (m)	muxāṭara (f)	مخاطرة
dirigir (administrar)	adār	أدار
información (f)	maʿlūmāt (pl)	معلومات
propiedad (f)	milkiyya (f)	ملكيّة

unión (f)	ittiḥād (m)	إتّحاد
seguro (m) de vida	ta'mīn 'alal ḥayāt (m)	تأمين على الحياة
asegurar (vt)	amman	أمّن
seguro (m)	ta'mīn (m)	تأمين
subasta (f)	mazād (m)	مزاد
notificar (informar)	ablay	أبلغ
gestión (f)	idāra (f)	إدارة
servicio (m)	χidma (f)	خدمة
foro (m)	nadwa (f)	ندوة
funcionar (vi)	adda waẓīfa	أدّى وظيفته
etapa (f)	marḥala (f)	مرحلة
jurídico (servicios ~s)	qānūniy	قانونيّ
jurista (m)	muḥāmi (m)	محام

72. La producción. Los trabajos

planta (f)	maṣna' (m)	مصنع
fábrica (f)	maṣna' (m)	مصنع
taller (m)	warʃa (f)	ورشة
planta (f) de producción	maṣna' (m)	مصنع
industria (f)	ṣinā'a (f)	صناعة
industrial (adj)	ṣinā'iy	صناعيّ
industria (f) pesada	ṣinā'a θaqīla (f)	صناعة ثقيلة
industria (f) ligera	ṣinā'a χafīfa (f)	صناعة خفيفة
producción (f)	muntaʒāt (pl)	منتجات
producir (vt)	antaʒ	أنتج
materias (f pl) primas	mawādd χām (pl)	موادّ خام
jefe (m) de brigada	ra'īs al 'ummāl (m)	رئيس العمّال
brigada (f)	farīq al 'ummāl (m)	فريق العمّال
obrero (m)	'āmil (m)	عامل
día (m) de trabajo	yawm 'amal (m)	يوم عمل
descanso (m)	rāḥa (f)	راحة
reunión (f)	iʒtimā' (m)	إجتماع
discutir (vt)	nāqaʃ	ناقش
plan (m)	χiṭṭa (f)	خطّة
cumplir el plan	naffað al χuṭṭa	نفّذ الخطّة
tasa (f) de producción	mu'addal al intāʒ (m)	معدّل الإنتاج
calidad (f)	ʒawda (f)	جودة
control (m)	taftīʃ (m)	تفتيش
control (m) de calidad	ḍabṭ al ʒawda (m)	ضبط الجودة
seguridad (f) de trabajo	salāmat makān al 'amal (f)	سلامة مكان العمل
disciplina (f)	indibāṭ (m)	إنضباط
infracción (f)	muχālafa (f)	مخالفة
violar (las reglas)	χālaf	خالف
huelga (f)	iḍrāb (m)	إضراب
huelguista (m)	muḍrib (m)	مضرب

estar en huelga	aḍrab	أضرب
sindicato (m)	ittiḥād al 'ummāl (m)	إتّحاد العمّال
inventar (máquina, etc.)	ixtara'	إخترع
invención (f)	ixtirā' (m)	إختراع
investigación (f)	baḥθ (m)	بحث
mejorar (vt)	ḥassan	حسّن
tecnología (f)	tiknulūʒiya (f)	تكنولوجيا
dibujo (m) técnico	rasm taqniy (m)	رسم تقني
cargamento (m)	ʃaḥn (m)	شحن
cargador (m)	ḥammāl (m)	حمّال
cargar (camión, etc.)	ʃaḥan	شحن
carga (f) (proceso)	taḥmīl (m)	تحميل
descargar (vt)	afraɣ	أفرغ
descarga (f)	ifrāɣ (m)	إفراغ
transporte (m)	wasā'il an naql (pl)	وسائل النقل
compañía (f) de transporte	ʃarikat naql (f)	شركة نقل
transportar (vt)	naqal	نقل
vagón (m)	'arabat ʃaḥn (f)	عربة شحن
cisterna (f)	xazzān (m)	خزّان
camión (m)	ʃāḥina (f)	شاحنة
máquina (f) herramienta	mākina (f)	ماكنة
mecanismo (m)	'āliyya (f)	آليّة
desperdicios (m pl)	muxallafāt ṣinā'iyya (pl)	مخلّفات صناعية
empaquetado (m)	ta'bi'a (f)	تعبئة
empaquetar (vt)	'abba'	عبّأ

73. El contrato. El acuerdo

contrato (m)	'aqd (m)	عقد
acuerdo (m)	ittifāq (m)	إتّفاق
anexo (m)	mulḥaq (m)	ملحق
firmar un contrato	waqqa' 'ala 'aqd	وقّع على عقد
firma (f) (nombre)	tawqī' (m)	توقيع
firmar (vt)	waqqa'	وقّع
sello (m)	xatm (m)	ختم
objeto (m) del acuerdo	mawḍū' al 'aqd (m)	موضوع العقد
cláusula (f)	band (m)	بند
partes (f pl)	aṭrāf (pl)	أطراف
domicilio (m) legal	'unwān qānūniy (m)	عنوان قانوني
violar el contrato	xālaf al 'aqd	خالف العقد
obligación (f)	iltizām (m)	إلتزام
responsabilidad (f)	mas'ūliyya (f)	مسؤوليّة
fuerza mayor (f)	quwwa qāhira (m)	قوّة قاهرة
disputa (f)	xilāf (m)	خلاف
penalidades (f pl)	'uqūbāt (pl)	عقوبات

74. Importación y exportación

importación (f)	istīrād (m)	إستيراد
importador (m)	mustawrid (m)	مستورد
importar (vt)	istawrad	إستورد
de importación (adj)	wārid	وارد
exportación (f)	taṣdīr (m)	تصدير
exportador (m)	muṣaddir (m)	مصدّر
exportar (vt)	ṣaddar	صدّر
de exportación (adj)	ṣādir	صادر
mercancía (f)	baḍā'i' (pl)	بضائع
lote (m) de mercancías	ʃaḥna (f)	شحنة
peso (m)	wazn (m)	وزن
volumen (m)	ḥaʒm (m)	حجم
metro (m) cúbico	mitr muka"ab (m)	متر مكعّب
productor (m)	aʃʃarika al muṣni'a (f)	الشركة المصنعة
compañía (f) de transporte	ʃarikat naql (f)	شركة نقل
contenedor (m)	ḥāwiya (f)	حاوية
frontera (f)	ḥadd (m)	حدّ
aduana (f)	ʒamārik (pl)	جمارك
derechos (m pl) arancelarios	rasm ʒumrukiy (m)	رسم جمركيّ
aduanero (m)	muwaẓẓaf al ʒamārik (m)	موظّف الجمارك
contrabandismo (m)	tahrīb (m)	تهريب
contrabando (m)	biḍā'a muharraba (pl)	بضاعة مهرّبة

75. Las finanzas

acción (f)	sahm (m)	سهم
bono (m), obligación (f)	sanad (m)	سند
letra (f) de cambio	kimbyāla (f)	كمبيالة
bolsa (f)	būrṣa (f)	بورصة
cotización (f) de valores	si'r as sahm (m)	سعر السهم
abaratarse (vr)	raxuṣ	رخص
encarecerse (vr)	ɣala	غلى
parte (f)	naṣīb (m)	نصيب
interés (m) mayoritario	al maʒmū'a al musayṭara (f)	المجموعة المسيطرة
inversiones (f pl)	istiθmār (pl)	إستثمار
invertir (vi, vt)	istaθmar	إستثمر
porcentaje (m)	bil mi'a (m)	بالمئة
interés (m)	fa'ida (f)	فائدة
beneficio (m)	ribḥ (m)	ربح
beneficioso (adj)	murbiḥ	مربح
impuesto (m)	ḍarība (f)	ضريبة
divisa (f)	'umla (f)	عملة

nacional (adj)	waṭaniy	وطنيّ
cambio (m)	taḥwīl (m)	تحويل
contable (m)	muḥāsib (m)	محاسب
contaduría (f)	maḥasaba (f)	محاسبة
bancarrota (f)	iflās (m)	إفلاس
quiebra (f)	inhiyār (m)	إنهيار
ruina (f)	iflās (m)	إفلاس
arruinarse (vr)	aflas	أفلس
inflación (f)	taḍaxxum māliy (m)	تضخّم ماليّ
devaluación (f)	taxfīḍ qīmat 'umla (m)	تخفيض قيمة عملة
capital (m)	ra's māl (m)	رأس مال
ingresos (m pl)	daxl (m)	دخل
volumen (m) de negocio	dawrat ra's al māl (f)	دورة رأس المال
recursos (m pl)	mawārid (pl)	موارد
recursos (m pl) monetarios	al mawārid an naqdiyya (pl)	الموارد النقديّة
gastos (m pl) accesorios	nafaqāt 'āmma (pl)	نفقات عامّة
reducir (vt)	xaffaḍ	خفّض

76. La mercadotecnia

mercadotecnia (f)	taswīq (m)	تسويق
mercado (m)	sūq (f)	سوق
segmento (m) del mercado	qaṭā' as sūq (m)	قطاع السوق
producto (m)	muntaʒ (m)	منتج
mercancía (f)	baḍā'i' (pl)	بضائع
marca (f)	mārka (f)	ماركة
marca (f) comercial	mārka tiʒāriyya (f)	ماركة تجاريّة
logotipo (m)	ʃi'ār (m)	شعار
logo (m)	ʃi'ār (m)	شعار
demanda (f)	ṭalab (m)	طلب
oferta (f)	maxzūn (m)	مخزون
necesidad (f)	ḥāʒa (f)	حاجة
consumidor (m)	mustahlik (m)	مستهلك
análisis (m)	taḥlīl (m)	تحليل
analizar (vt)	ḥallal	حلّل
posicionamiento (m)	waḍ' (m)	وضع
posicionar (vt)	waḍa'	وضع
precio (m)	si'r (m)	سعر
política (f) de precios	siyāsat al as'ār (f)	سياسة الأسعار
formación (f) de precios	taʃkīl al as'ār (m)	تشكيل الأسعار

77. La publicidad

publicidad (f)	i'lān (m)	إعلان
publicitar (vt)	a'lan	أعلن

presupuesto (m)	mīzāniyya (f)	ميزانيّة
anuncio (m) publicitario	i'lān (m)	إعلان
publicidad (f) televisiva	i'lān fit tiliviziyūn (m)	إعلان في التليفزيون
publicidad (f) radiofónica	i'lān fir rādiyu (m)	إعلان في الراديو
publicidad (f) exterior	i'lān ẓāhiriy (m)	إعلان ظاهريّ
medios (m pl) de comunicación de masas	wasā'il al i'lām (pl)	وسائل الإعلام
periódico (m)	ṣaḥifa dawriyya (f)	صحيفة دوريّة
imagen (f)	imiʒ (m)	إيميج
consigna (f)	ʃi'ār (m)	شعار
divisa (f)	ʃi'ār (m)	شعار
campaña (f)	ḥamla (f)	حملة
campaña (f) publicitaria	ḥamla i'lāniyya (f)	حملة إعلانيّة
auditorio (m) objetivo	maʒmū'a mustahdafa (f)	مجموعة مستهدفة
tarjeta (f) de visita	biṭāqat al 'amal (f)	بطاقة العمل
prospecto (m)	manʃūr (m)	منشور
folleto (m)	naʃra (f)	نشرة
panfleto (m)	kutayyib (m)	كتيّب
boletín (m)	naʃra ixbāriyya (f)	نشرة إخبارية
letrero (m) (~ luminoso)	lāfita (f)	لافتة
pancarta (f)	mulṣaq i'lāniy (m)	ملصق إعلانيّ
valla (f) publicitaria	lawḥat i'lānāt (f)	لوحة إعلانات

78. La banca

banco (m)	bank (m)	بنك
sucursal (f)	far' (m)	فرع
consultor (m)	muwaẓẓaf bank (m)	موظف بنك
gerente (m)	mudīr (m)	مدير
cuenta (f)	ḥisāb (m)	حساب
numero (m) de la cuenta	raqm al ḥisāb (m)	رقم الحساب
cuenta (f) corriente	ḥisāb ʒāri (m)	حساب جار
cuenta (f) de ahorros	ḥisāb tawfīr (m)	حساب توفير
abrir una cuenta	fataḥ ḥisāb	فتح حسابا
cerrar la cuenta	aɣlaq ḥisāb	أغلق حسابا
ingresar en la cuenta	awda' fil ḥisāb	أودع في الحساب
sacar de la cuenta	saḥab min al ḥisāb	سحب من الحساب
depósito (m)	wadī'a (f)	وديعة
hacer un depósito	awda'	أودع
giro (m) bancario	ḥawāla (f)	حوالة
hacer un giro	ḥawwal	حوّل
suma (f)	mablaɣ (m)	مبلغ
¿Cuánto?	kam?	كم؟
firma (f) (nombre)	tawqī' (m)	توقيع

firmar (vt)	waqqaʻ	وقّع
tarjeta (f) de crédito	biṭāqat iʼtimān (f)	بطاقة الئتمان
código (m)	kūd (m)	كود
número (m) de tarjeta de crédito	raqm biṭāqat iʼtimān (m)	رقم بطاقة إئتمان
cajero (m) automático	ṣarrāf ʼāliy (m)	صرّاف آليّ
cheque (m)	ʃīk (m)	شيك
sacar un cheque	katab ʃīk	كتب شيكًا
talonario (m)	daftar ʃīkāt (m)	دفتر شيكات
crédito (m)	qarḍ (m)	قرض
pedir el crédito	qaddam ṭalab lil ḥuṣūl ʻala qarḍ	قدّم طلبا للحصول على قرض
obtener un crédito	ḥaṣal ʻala qarḍ	حصل على قرض
conceder un crédito	qaddam qarḍ	قدّم قرضا
garantía (f)	ḍamān (m)	ضمان

79. El teléfono. Las conversaciones telefónicas

teléfono (m)	hātif (m)	هاتف
teléfono (m) móvil	hātif maḥmūl (m)	هاتف محمول
contestador (m)	muɉīb al hātif (m)	مجيب الهاتف
llamar, telefonear	ittaṣal	إتّصل
llamada (f)	mukālama tilifuniyya (f)	مكالمة تليفونية
marcar un número	ittaṣal bi raqm	إتّصل برقم
¿Sí?, ¿Dígame?	alu!	ألو!
preguntar (vt)	saʼal	سأل
responder (vi, vt)	radd	ردّ
oír (vt)	samiʻ	سمع
bien (adv)	ɉayyidan	جيّدًا
mal (adv)	sayyiʼan	سيّئًا
ruidos (m pl)	taʃwīʃ (m)	تشويش
auricular (m)	sammāʻa (f)	سمّاعة
descolgar (el teléfono)	rafaʻ as sammāʻa	رفع السمّاعة
colgar el auricular	qafal as sammāʻa	قفل السمّاعة
ocupado (adj)	maʃɣūl	مشغول
sonar (teléfono)	rann	رنّ
guía (f) de teléfonos	dalīl at tilifūn (m)	دليل التليفون
local (adj)	maḥalliyya	محلّيّة
llamada (f) local	mukālama hātifiyya maḥalliyya (f)	مكالمة هاتفيّة محلّيّة
de larga distancia	baʻīd al mada	بعيد المدى
llamada (f) de larga distancia	mukālama baʻīdat al mada (f)	مكالمة بعيدة المدى
internacional (adj)	duwaliy	دوليّ
llamada (f) internacional	mukālama duwaliyya (f)	مكالمة دوليّة

80. El teléfono celular

teléfono (m) móvil	hātif maḥmūl (m)	هاتف محمول
pantalla (f)	ӡihāz ʻarḍ (m)	جهاز عرض
botón (m)	zirr (m)	زر
tarjeta SIM (f)	sim kart (m)	سيم كارت
pila (f)	baṭṭāriyya (f)	بطّارية
descargarse (vr)	xalaṣat	خلصت
cargador (m)	ʃāḥin (m)	شاحن
menú (m)	qāʼima (f)	قائمة
preferencias (f pl)	awḍāʻ (pl)	أوضاع
melodía (f)	nayma (f)	نغمة
seleccionar (vt)	ixtār	إختار
calculadora (f)	ʼāla ḥāsiba (f)	آلة حاسبة
contestador (m)	barīd ṣawtiy (m)	بريد صوتيّ
despertador (m)	munabbih (m)	منبّه
contactos (m pl)	ӡihāt al ittiṣāl (pl)	جهات الإتّصال
mensaje (m) de texto	risāla qaṣīra ɛsɛmɛs (f)	sms رسالة قصيرة
abonado (m)	muʃtarik (m)	مشترك

81. Los artículos de escritorio. La papelería

bolígrafo (m)	qalam ӡāf (m)	قلم جاف
pluma (f) estilográfica	qalam rīʃa (m)	قلم ريشة
lápiz (m)	qalam ruṣāṣ (m)	قلم رصاص
marcador (m)	markir (m)	ماركر
rotulador (m)	qalam xaṭṭāṭ (m)	قلم خطّاط
bloc (m) de notas	muðakkira (f)	مذكّرة
agenda (f)	ӡadwal al aʻmāl (m)	جدول الأعمال
regla (f)	masṭara (f)	مسطرة
calculadora (f)	ʼāla ḥāsiba (f)	آلة حاسبة
goma (f) de borrar	astīka (f)	استيكة
chincheta (f)	dabbūs (m)	دبّوس
clip (m)	dabbūs waraq (m)	دبّوس ورق
cola (f), pegamento (m)	ṣamy (m)	صمغ
grapadora (f)	dabbāsa (f)	دبّاسة
perforador (m)	xarrāma (m)	خرّامة
sacapuntas (m)	mibrāt (f)	مبراة

82. Tipos de negocios

contabilidad (f)	xidamāt muḥasaba (pl)	خدمات محاسبة
publicidad (f)	iʻlān (m)	إعلان

agencia (f) de publicidad	wikālat i'lān (f)	وكالة إعلان
climatizadores (m pl)	takyīf (m)	تكييف
compañía (f) aérea	ʃarikat ṭayarān (f)	شركة طيران
bebidas (f pl) alcohólicas	maʃrūbāt kuḥūliyya (pl)	مشروبات كحوليّة
antigüedad (f)	tuḥaf (pl)	تحف
galería (f) de arte	ma'raḍ fanniy (m)	معرض فنّيّ
servicios (m pl) de auditoría	tadqīq al ḥisābāt (pl)	تدقيق الحسابات
negocio (m) bancario	al qiṭā' al maṣrafiy (m)	القطاع المصرفي
bar (m)	bār (m)	بار
salón (m) de belleza	ṣālūn taʒmīl (m)	صالون تجميل
librería (f)	maḥall kutub (m)	محلّ كتب
fábrica (f) de cerveza	maṣna' bīra (m)	مصنع بيرة
centro (m) de negocios	markaz tiʒāriy (m)	مركز تجاريّ
escuela (f) de negocios	kulliyyat idārat al a'māl (f)	كليّة إدارة الأعمال
casino (m)	kazinu (m)	كازينو
construcción (f)	binā' (m)	بناء
consultoría (f)	istiʃāra (f)	إستشارة
estomatología (f)	'iyādat asnān (f)	عيادة أسنان
diseño (m)	taṣmīm (m)	تصميم
farmacia (f)	ṣaydaliyya (f)	صيدليّة
tintorería (f)	tanẓīf ʒāff (m)	تنظيف جافّ
agencia (f) de empleo	wikālat tawẓīf (f)	وكالة توظيف
servicios (m pl) financieros	χidamāt māliyya (pl)	خدمات ماليّة
productos alimenticios	mawādd ɣiðā'iyya (pl)	موادّ غذائيّة
funeraria (f)	bayt al ʒanāzāt (m)	بيت الجنازات
muebles (m pl)	aθāθ (m)	أثاث
ropa (f)	malābis (pl)	ملابس
hotel (m)	funduq (m)	فندق
helado (m)	muθallaʒāt (pl)	مثلّجات
industria (f)	ṣinā'a (f)	صناعة
seguro (m)	ta'mīn (m)	تأمين
internet (m), red (f)	intirnit (m)	إنترنت
inversiones (f pl)	istiθmārāt (pl)	إستثمارات
joyero (m)	ṣā'iɣ (m)	صائغ
joyería (f)	muʒawharāt (pl)	مجوهرات
lavandería (f)	maysala (f)	مغسلة
asesoría (f) jurídica	χidamāt qānūniyya (pl)	خدمات قانونيّة
industria (f) ligera	ṣinā'a χafīfa (f)	صناعة خفيفة
revista (f)	maʒalla (f)	مجلّة
venta (f) por catálogo	bay' bil barīd (m)	بيع بالبريد
medicina (f)	ṭibb (m)	طبّ
cine (m) (iremos al ~)	sinima (f)	سينما
museo (m)	matḥaf (m)	متحف
agencia (f) de información	wikālat anbā' (f)	وكالة أنباء
periódico (m)	ʒarīda (f)	جريدة
club (m) nocturno	malha layliy (m)	ملهى ليليّ
petróleo (m)	nafṭ (m)	نفط

servicio (m) de entrega	χidamāt aʃ ʃaḥn (pl)	خدمات الشحن
industria (f) farmacéutica	ṣaydala (f)	صيدلة
poligrafía (f)	ṭibāʻa (f)	طباعة
editorial (f)	dār aṭ ṭibāʻa wan naʃr (f)	دار الطباعة والنشر
radio (f)	iðāʻa (f)	إذاعة
inmueble (m)	ʻiqārāt (pl)	عقارات
restaurante (m)	maṭʻam (m)	مطعم
agencia (f) de seguridad	ʃarikat amn (f)	شركة أمن
deporte (m)	riyāḍa (f)	رياضة
bolsa (f) de comercio	būrṣa (f)	بورصة
tienda (f)	maḥall (m)	محلّ
supermercado (m)	subirmarkit (m)	سويرماركت
piscina (f)	masbaḥ (m)	مسبح
taller (m)	ṣālūn (m)	صالون
televisión (f)	tilivizyūn (m)	تليفزيون
teatro (m)	masraḥ (m)	مسرح
comercio (m)	tiʒāra (f)	تجارة
servicios de transporte	wasāʼil an naql (pl)	وسائل النقل
turismo (m)	siyāḥa (f)	سياحة
veterinario (m)	ṭabīb bayṭariy (m)	طبيب بيطريّ
almacén (m)	mustawdaʻ (m)	مستودع
recojo (m) de basura	ʒamʻ an nufāyāt (m)	جمع النفايات

El trabajo. Los negocios. Unidad 2

83. La exhibición. La feria comercial

exposición, feria (f)	ma'raḍ (m)	معرض
feria (f) comercial	ma'raḍ tiʒāriy (m)	معرض تجاريّ
participación (f)	iʃtirāk (m)	إشتراك
participar (vi)	iʃtarak	إشترك
participante (m)	muʃtarik (m)	مشترك
director (m)	mudīr (m)	مدير
dirección (f)	maktab al munaẓẓimīn (m)	مكتب المنظّمين
organizador (m)	munaẓẓim (m)	منظّم
organizar (vt)	naẓẓam	نظّم
solicitud (f) de participación	istimārat al iʃtirāk (f)	إستمارة الإشتراك
rellenar (vt)	mala'	ملأ
detalles (m pl)	tafāṣīl (pl)	تفاصيل
información (f)	isti'lāmāt (pl)	إستعلامات
precio (m)	si'r (m)	سعر
incluso	bima fīh	بما فيه
incluir (vt)	taḍamman	تضمّن
pagar (vi, vt)	dafa'	دفع
cuota (f) de registro	rusūm at tasʒīl (pl)	رسوم التسجيل
entrada (f)	madxal (m)	مدخل
pabellón (m)	ʒanāḥ (m)	جناح
registrar (vt)	saʒʒal	سجّل
tarjeta (f) de identificación	ʃāra (f)	شارة
stand (m) de feria	kuʃk (m)	كشك
reservar (vt)	ḥaʒaz	حجز
vitrina (f)	vatrīna (f)	فترينة
lámpara (f)	miṣbāḥ (m)	مصباح
diseño (m)	taṣmīm (m)	تصميم
poner (colocar)	waḍa'	وضع
distribuidor (m)	muwazzi' (m)	موزّع
proveedor (m)	muwarrid (m)	مورد
país (m)	balad (m)	بلد
extranjero (adj)	aʒnabiy	أجنبيّ
producto (m)	muntaʒ (m)	منتج
asociación (f)	ʒam'iyya (f)	جمعيّة
sala (f) de conferencias	qā'at al mu'tamarāt (f)	قاعة المؤتمرات
congreso (m)	mu'tamar (m)	مؤتمر

concurso (m)	musābaqa (f)	مسابقة
visitante (m)	zā'ir (m)	زائر
visitar (vt)	ḥaḍar	حضر
cliente (m)	zubūn (m)	زبون

84. La ciencia. La investigación. Los científicos

ciencia (f)	ʿilm (m)	علم
científico (adj)	ʿilmiy	علمي
científico (m)	ʿālim (m)	عالم
teoría (f)	naẓariyya (f)	نظرية
axioma (m)	badīhiyya (f)	بديهية
análisis (m)	taḥlīl (m)	تحليل
analizar (vt)	ḥallal	حلّل
argumento (m)	burhān (m)	برهان
sustancia (f) (materia)	mādda (f)	مادّة
hipótesis (f)	farḍiyya (f)	فرضية
dilema (m)	muʿḍila (f)	معضلة
tesis (f) de grado	risāla ʿilmiyya (f)	رسالة علمية
dogma (m)	ʿaqīda (f)	عقيدة
doctrina (f)	maðhab (m)	مذهب
investigación (f)	baḥθ (m)	بحث
investigar (vt)	baḥaθ	بحث
prueba (f)	iχtibārāt (pl)	إختبارات
laboratorio (m)	muχtabar (m)	مختبر
método (m)	manhaʒ (m)	منهج
molécula (f)	ʒuzayʾ (m)	جزيء
seguimiento (m)	riqāba (f)	رقابة
descubrimiento (m)	iktiʃāf (m)	إكتشاف
postulado (m)	musallama (f)	مسلّمة
principio (m)	mabdaʾ (m)	مبدأ
pronóstico (m)	tanabbuʾ (m)	تنبّؤ
pronosticar (vt)	tanabbaʾ	تنبّأ
síntesis (f)	tarkīb (m)	تركيب
tendencia (f)	ittiʒāh (m)	إتّجاه
teorema (m)	naẓariyya (f)	نظرية
enseñanzas (f pl)	taʿālīm (pl)	تعاليم
hecho (m)	ḥaqīqa (f)	حقيقة
expedición (f)	baʿθa (f)	بعثة
experimento (m)	taʒriba (f)	تجربة
académico (m)	akadīmiy (m)	أكاديمي
bachiller (m)	bakalūriyūs (m)	بكالوريوس
doctorado (m)	duktūr (m)	دكتور
docente (m)	ustāð muʃārik (m)	أستاذ مشارك
Master (m) (~ en Letras)	maʒistīr (m)	ماجستير
profesor (m)	brufissūr (m)	بروفيسور

Las profesiones y los oficios

85. La búsqueda de trabajo. El despido

trabajo (m)	'amal (m)	عمل
empleados (pl)	kawādir (pl)	كوادر
personal (m)	ṭāqim al 'āmilīn (m)	طاقم العاملين
carrera (f)	masār mihniy (m)	مسار مهنيّ
perspectiva (f)	'āfāq (pl)	آفاق
maestría (f)	mahārāt (pl)	مهارات
selección (f)	ixtiyār (m)	إختيار
agencia (f) de empleo	wikālat tawẓīf (f)	وكالة توظيف
curriculum vitae (m)	sīra ðātiyya (f)	سيرة ذاتيّة
entrevista (f)	mu'ābalat 'amal (f)	مقابلة عمل
vacancia (f)	waẓīfa xāliya (f)	وظيفة خالية
salario (m)	murattab (m)	مرتّب
salario (m) fijo	rātib θābit (m)	راتب ثابت
remuneración (f)	uʒra (f)	أجرة
puesto (m) (trabajo)	manṣib (m)	منصب
deber (m)	wāʒib (m)	واجب
gama (f) de deberes	maʒmū'a min al wāʒibāt (f)	مجموعة من الواجبات
ocupado (adj)	maʃɣūl	مشغول
despedir (vt)	aqāl	أقال
despido (m)	iqāla (m)	إقالة
desempleo (m)	biṭāla (f)	بطالة
desempleado (m)	'āṭil (m)	عاطل
jubilación (f)	ma'āʃ (m)	معاش
jubilarse	uḥīl 'alal ma'āʃ	أحيل على المعاش

86. Los negociantes

director (m)	mudīr (m)	مدير
gerente (m)	mudīr (m)	مدير
jefe (m)	mudīr (m), ra'īs (m)	مدير, رئيس
superior (m)	ra'īs (m)	رئيس
superiores (m pl)	ru'asā' (pl)	رؤساء
presidente (m)	ra'īs (m)	رئيس
presidente (m) (de compañía)	ra'īs (m)	رئيس
adjunto (m)	nā'ib (m)	نائب
asistente (m)	musā'id (m)	مساعد

secretario, -a (m, f)	sikirtīr (m)	سكرتير
secretario (m) particular	sikritīr χāṣṣ (m)	سكرتير خاصّ
hombre (m) de negocios	raʒul aʻmāl (m)	رجل أعمال
emprendedor (m)	rāʼid aʻmāl (m)	رائد أعمال
fundador (m)	muʼassis (m)	مؤسِّس
fundar (vt)	assas	أسَّس
institutor (m)	muʼassis (m)	مؤسِّس
socio (m)	ʃarīk (m)	شريك
accionista (m)	musāhim (m)	مساهم
millonario (m)	milyunīr (m)	مليونير
multimillonario (m)	milyardīr (m)	ملياردير
propietario (m)	ṣāḥib (m)	صاحب
terrateniente (m)	ṣāḥib al arḍ (m)	صاحب الأرض
cliente (m)	ʻamīl (m)	عميل
cliente (m) habitual	ʻamīl dāʼim (m)	عميل دائم
comprador (m)	muʃtari (m)	مشتر
visitante (m)	zāʼir (m)	زائر
profesional (m)	muḥtarif (m)	محترف
experto (m)	χabīr (m)	خبير
especialista (m)	mutaχaṣṣiṣ (m)	متخصِّص
banquero (m)	ṣāḥib maṣraf (m)	صاحب مصرف
broker (m)	simsār (m)	سمسار
cajero (m)	ṣarrāf (m)	صرَّاف
contable (m)	muḥāsib (m)	محاسب
guardia (m) de seguridad	ḥāris amn (m)	حارس أمن
inversionista (m)	mustaθmir (m)	مستثمر
deudor (m)	mudīn (m)	مدين
acreedor (m)	dāʼin (m)	دائن
prestatario (m)	muqtariḍ (m)	مقترض
importador (m)	mustawrid (m)	مستورد
exportador (m)	muṣaddir (m)	مصدِّر
productor (m)	aʃ ʃarika al muṣniʻa (f)	الشركة المصنعة
distribuidor (m)	muwazziʻ (m)	موزِّع
intermediario (m)	wasīṭ (m)	وسيط
asesor (m) (~ fiscal)	mustaʃār (m)	مستشار
representante (m)	mandūb mabiʻāt (m)	مندوب مبيعات
agente (m)	wakīl (m)	وكيل
agente (m) de seguros	wakīl at taʼmīn (m)	وكيل التأمين

87. Los trabajos de servicio

cocinero (m)	ṭabbāχ (m)	طبّاخ
jefe (m) de cocina	ʃāf (m)	شاف

panadero (m)	χabbāz (m)	خبّاز
barman (m)	bārman (m)	بارمان
camarero (m)	nādil (m)	نادل
camarera (f)	nādila (f)	نادلة
abogado (m)	muḥāmi (m)	محام
jurista (m)	muḥāmi (m)	محام
notario (m)	muwaθθaq (m)	موثّق
electricista (m)	kahrabā'iy (m)	كهربائيّ
fontanero (m)	sabbāk (m)	سبّاك
carpintero (m)	naʒʒār (m)	نجّار
masajista (m)	mudallik (m)	مدلّك
masajista (f)	mudallika (f)	مدلّكة
médico (m)	ṭabīb (m)	طبيب
taxista (m)	sā'iq taksi (m)	سائق تاكسي
chofer (m)	sā'iq (m)	سائق
repartidor (m)	sā'i (m)	ساع
camarera (f)	'āmilat tanẓīf ɣuraf (f)	عاملة تنظيف غرف
guardia (m) de seguridad	ḥāris amn (m)	حارس أمن
azafata (f)	muḍīfat ṭayarān (f)	مضيفة طيران
profesor (m) (~ de baile, etc.)	mudarris madrasa (m)	مدرّس مدرسة
bibliotecario (m)	amīn maktaba (m)	أمين مكتبة
traductor (m)	mutarʒim (m)	مترجم
intérprete (m)	mutarʒim fawriy (m)	مترجم فوريّ
guía (m)	murʃid (m)	مرشد
peluquero (m)	ḥallāq (m)	حلّاق
cartero (m)	sā'i al barīd (m)	ساعي البريد
vendedor (m)	bā'i' (m)	بائع
jardinero (m)	bustāniy (m)	بستانيّ
servidor (m)	χādim (m)	خادم
criada (f)	χādima (f)	خادمة
mujer (f) de la limpieza	'āmilat tanẓīf (f)	عاملة تنظيف

88. La profesión militar y los rangos

soldado (m) raso	ʒundiy (m)	جنديّ
sargento (m)	raqīb (m)	رقيب
teniente (m)	mulāzim (m)	ملازم
capitán (m)	naqīb (m)	نقيب
mayor (m)	rā'id (m)	رائد
coronel (m)	'aqīd (m)	عقيد
general (m)	ʒinirāl (m)	جنرال
mariscal (m)	mārʃāl (m)	مارشال
almirante (m)	amirāl (m)	أميرال
militar (m)	'askariy (m)	عسكريّ
soldado (m)	ʒundiy (m)	جنديّ

oficial (m)	ḍābiṭ (m)	ضابط
comandante (m)	qā'id (m)	قائد
guardafronteras (m)	ḥāris ḥudūd (m)	حارس حدود
radio-operador (m)	'āmil lāsilkiy (m)	عامل لاسلكيّ
explorador (m)	mustakʃif (m)	مستكشف
zapador (m)	muhandis 'askariy (m)	مهندس عسكريّ
tirador (m)	rāmi (m)	رام
navegador (m)	mallāḥ (m)	ملّاح

89. Los oficiales. Los sacerdotes

rey (m)	malik (m)	ملك
reina (f)	malika (f)	ملكة
príncipe (m)	amīr (m)	أمير
princesa (f)	amīra (f)	أميرة
zar (m)	qayṣar (m)	قيصر
zarina (f)	qayṣara (f)	قيصرة
presidente (m)	ra'īs (m)	رئيس
ministro (m)	wazīr (m)	وزير
primer ministro (m)	ra'īs wuzarā' (m)	رئيس وزراء
senador (m)	'uḍw maʒlis aʃ ʃuyūχ (m)	عضو مجلس الشيوخ
diplomático (m)	diblumāsiy (m)	دبلوماسيّ
cónsul (m)	qunṣul (m)	قنصل
embajador (m)	safīr (m)	سفير
consejero (m)	mustaʃār (m)	مستشار
funcionario (m)	muwaẓẓaf (m)	موظّف
prefecto (m)	ra'īs idārat al ḥayy (m)	رئيس إدارة الحيّ
alcalde (m)	ra'īs al baladiyya (m)	رئيس البلديّة
juez (m)	qāḍi (m)	قاض
fiscal (m)	mudda'i (m)	مدعٍ
misionero (m)	mubaʃʃir (m)	مبشّر
monje (m)	rāhib (m)	راهب
abad (m)	ra'īs ad dayr (m)	رئيس الدير
rabino (m)	ḥāχām (m)	حاخام
visir (m)	wazīr (m)	وزير
sha (m)	ʃāh (m)	شاه
jeque (m)	ʃɛyχ (m)	شيخ

90. Las profesiones agrícolas

apicultor (m)	naḥḥāl (m)	نحّال
pastor (m)	rā'i (m)	راعٍ
agrónomo (m)	muhandis zirā'iy (m)	مهندس زراعيّ

ganadero (m)	murabbi al mawāʃi (m)	مربّي المواشي
veterinario (m)	ṭabīb bayṭariy (m)	طبيب بيطري
granjero (m)	muzāriʿ (m)	مزارع
vinicultor (m)	ṣāniʿ an nabīð (m)	صانع النبيذ
zoólogo (m)	χabīr fi ʿilm al ḥayawān (m)	خبير في علم الحيوان
vaquero (m)	rāʿi al baqar (m)	راعي البقر

91. Las profesiones artísticas

actor (m)	mumaθθil (m)	ممثّل
actriz (f)	mumaθθila (f)	ممثّلة
cantante (m)	muɣanni (m)	مغنّ
cantante (f)	muɣanniya (f)	مغنّية
bailarín (m)	rāqiṣ (m)	راقص
bailarina (f)	rāqiṣa (f)	راقصة
artista (m)	fannān (m)	فنّان
artista (f)	fannāna (f)	فنّانة
músico (m)	ʿāzif (m)	عازف
pianista (m)	ʿāzif biyānu (m)	عازف بيانو
guitarrista (m)	ʿāzif gitār (m)	عازف جيتار
director (m) de orquesta	qāʾid urkistra (m)	قائد أركسترا
compositor (m)	mulaḥḥin (m)	ملحّن
empresario (m)	mudīr firqa (m)	مدير فرقة
director (m) de cine	muχriʒ (m)	مخرج
productor (m)	muntiʒ (m)	منتج
guionista (m)	kātib sināriyu (m)	كاتب سيناريو
crítico (m)	nāqid (m)	ناقد
escritor (m)	kātib (m)	كاتب
poeta (m)	ʃāʿir (m)	شاعر
escultor (m)	naḥḥāt (m)	نحّات
pintor (m)	rassām (m)	رسّام
malabarista (m)	bahlawān (m)	بهلوان
payaso (m)	muharriʒ (m)	مهرّج
acróbata (m)	bahlawān (m)	بهلوان
ilusionista (m)	sāḥir (m)	ساحر

92. Profesiones diversas

médico (m)	ṭabīb (m)	طبيب
enfermera (f)	mumarriḍa (f)	ممرّضة
psiquiatra (m)	ṭabīb nafsiy (m)	طبيب نفسيّ
dentista (m)	ṭabīb al asnān (m)	طبيب الأسنان
cirujano (m)	ʒarrāḥ (m)	جرّاح

astronauta (m)	rā'id faḍā' (m)	رائد فضاء
astrónomo (m)	'ālim falak (m)	عالم فلك
piloto (m)	ṭayyār (m)	طيّار
conductor (m) (chófer)	sā'iq (m)	سائق
maquinista (m)	sā'iq (m)	سائق
mecánico (m)	mikanīkiy (m)	ميكانيكيّ
minero (m)	'āmil manẓam (m)	عامل منجم
obrero (m)	'āmil (m)	عامل
cerrajero (m)	qaffāl (m)	قفّال
carpintero (m)	naʒʒār (m)	نجّار
tornero (m)	xarrāṭ (m)	خرّاط
albañil (m)	'āmil binā' (m)	عامل بناء
soldador (m)	laḥḥām (m)	لحّام
profesor (m) (título)	brufissūr (m)	بروفيسور
arquitecto (m)	muhandis mi'māriy (m)	مهندس معماريّ
historiador (m)	mu'arrix (m)	مؤرّخ
científico (m)	'ālim (m)	عالم
físico (m)	fizyā'iy (m)	فيزيائيّ
químico (m)	kimyā'iy (m)	كيميائيّ
arqueólogo (m)	'ālim 'āθār (m)	عالم آثار
geólogo (m)	ʒiulūʒiy (m)	جيولوجيّ
investigador (m)	bāḥiθ (m)	باحث
niñera (f)	murabbiyat aṭfāl (f)	مربّية الأطفال
pedagogo (m)	mu'allim (m)	معلّم
redactor (m)	muḥarrir (m)	محرّر
redactor jefe (m)	ra'īs taḥrīr (m)	رئيس تحرير
corresponsal (m)	murāsil (m)	مراسل
mecanógrafa (f)	kātiba 'alal 'āla al kātiba (f)	كاتبة على الآلة الكاتبة
diseñador (m)	muṣammim (m)	مصمّم
especialista (m) en ordenadores	mutaxaṣṣiṣ bil kumbyūtir (m)	متخصّص بالكمبيوتر
programador (m)	mubarmiʒ (m)	مبرمج
ingeniero (m)	muhandis (m)	مهندس
marino (m)	baḥḥār (m)	بحّار
marinero (m)	baḥḥār (m)	بحّار
socorrista (m)	munqið (m)	منقذ
bombero (m)	raʒul iṭfā' (m)	رجل إطفاء
policía (m)	ʃurṭiy (m)	شرطيّ
vigilante (m) nocturno	ḥāris (m)	حارس
detective (m)	muḥaqqiq (m)	محقّق
aduanero (m)	muwaẓẓaf al ʒamārik (m)	موظّف الجمارك
guardaespaldas (m)	ḥāris ʃaxṣiy (m)	حارس شخصيّ
guardia (m) de prisiones	ḥāris siʒn (m)	حارس سجن
inspector (m)	mufattiʃ (m)	مفتّش
deportista (m)	riyāḍiy (m)	رياضيّ
entrenador (m)	mudarrib (m)	مدرّب

carnicero (m)	ӡazzār (m)	جزّار
zapatero (m)	iskāfiy (m)	إسكافيّ
comerciante (m)	tāӡir (m)	تاجر
cargador (m)	ḥammāl (m)	حمّال
diseñador (m) de modas	muṣammim azyā' (m)	مصمّم أزياء
modelo (f)	mudīl (f)	موديل

93. Los trabajos. El estatus social

escolar (m)	tilmīð (m)	تلميذ
estudiante (m)	ṭālib (m)	طالب
filósofo (m)	faylasūf (m)	فيلسوف
economista (m)	iqtiṣādiy (m)	إقتصاديّ
inventor (m)	muxtariʿ (m)	مخترع
desempleado (m)	ʿāṭil (m)	عاطل
jubilado (m)	mutaqāʿid (m)	متقاعد
espía (m)	ӡāsūs (m)	جاسوس
prisionero (m)	saӡīn (m)	سجين
huelguista (m)	muḍrib (m)	مضرب
burócrata (m)	buruqrāṭiy (m)	بيوروقراطيّ
viajero (m)	raḥḥāla (m)	رحّالة
homosexual (m)	miθliy ӡinsiyyan (m)	مثليّ جنسيًا
hacker (m)	hākir (m)	هاكر
hippie (m)	hippi (m)	هيبي
bandido (m)	qāṭiʿ ṭarīq (m)	قاطع طريق
sicario (m)	qātil ma'ӡūr (m)	قاتل مأجور
drogadicto (m)	mudmin muxaddirāt (m)	مدمن مخدّرات
narcotraficante (m)	tāӡir muxaddirāt (m)	تاجر مخدّرات
prostituta (f)	ʿāhira (f)	عاهرة
chulo (m), proxeneta (m)	qawwād (m)	قوّاد
brujo (m)	sāḥir (m)	ساحر
bruja (f)	sāḥira (f)	ساحرة
pirata (m)	qurṣān (m)	قرصان
esclavo (m)	ʿabd (m)	عبد
samurai (m)	samurāy (m)	ساموراي
salvaje (m)	mutawaḥḥiʃ (m)	متوحّش

La educación

94. La escuela

escuela (f)	madrasa (f)	مدرسة
director (m) de escuela	mudīr madrasa (m)	مدير مدرسة
alumno (m)	tilmīð (m)	تلميذ
alumna (f)	tilmīða (f)	تلميذة
escolar (m)	tilmīð (m)	تلميذ
escolar (f)	tilmīða (f)	تلميذة
enseñar (vt)	ʻallam	علّم
aprender (ingles, etc.)	taʻallam	تعلّم
aprender de memoria	ḥafaẓ	حفظ
aprender (a leer, etc.)	taʻallam	تعلّم
estar en la escuela	daras	درس
ir a la escuela	ðahab ilal madrasa	ذهب إلى المدرسة
alfabeto (m)	alifbā' (m)	الفباء
materia (f)	mādda (f)	مادّة
aula (f)	faṣl (m)	فصل
lección (f)	dars (m)	درس
recreo (m)	istirāḥa (f)	إستراحة
campana (f)	ʒaras al madrasa (m)	جرس المدرسة
pupitre (m)	taxta lil madrasa (m)	تختة للمدرسة
pizarra (f)	sabbūra (f)	سبّورة
nota (f)	daraʒa (f)	درجة
buena nota (f)	daraʒa ʒayyida (f)	درجة جيّدة
mala nota (f)	daraʒa ɣayr ʒayyida (f)	درجة غير جيّدة
poner una nota	aʻṭa daraʒa	أعطى درجة
falta (f)	xaṭa' (m)	خطأ
hacer faltas	axṭa'	أخطأ
corregir (un error)	ṣaḥḥaḥ	صحّح
chuleta (f)	waraqat ɣaʃʃ (f)	ورقة غشّ
deberes (m pl) de casa	wāʒib manziliy (m)	واجب منزليّ
ejercicio (m)	tamrīn (m)	تمرين
estar presente	ḥaḍar	حضر
estar ausente	ɣāb	غاب
faltar a las clases	taɣayyab ʻan al madrasa	تغيّب عن المدرسة
castigar (vt)	ʻāqab	عاقب
castigo (m)	ʻuqūba (f), ʻiqāb (m)	عقوبة, عقاب
conducta (f)	sulūk (m)	سلوك

libreta (f) de notas	at taqrīr al madrasiy (m)	التقرير المدرسيّ
lápiz (m)	qalam ruṣāṣ (m)	قلم رصاص
goma (f) de borrar	astīka (f)	استيكة
tiza (f)	ṭabāšīr (m)	طباشير
cartuchera (f)	maqlama (f)	مقلمة
mochila (f)	šanṭat al madrasa (f)	شنطة المدرسة
bolígrafo (m)	qalam (m)	قلم
cuaderno (m)	daftar (m)	دفتر
manual (m)	kitāb taʻlīm (m)	كتاب تعليم
compás (m)	barʒal (m)	برجل
trazar (vi, vt)	rasam rasm taqniy	رسم رسمًا تقنيًا
dibujo (m) técnico	rasm taqniy (m)	رسم تقنيّ
poema (m), poesía (f)	qaṣīda (f)	قصيدة
de memoria (adv)	ʻan ẓahr qalb	عن ظهر قلب
aprender de memoria	ḥafaẓ	حفظ
vacaciones (f pl)	ʻuṭla madrasiyya (f)	عطلة مدرسيّة
estar de vacaciones	ʻindahu ʻuṭla	عنده عطلة
pasar las vacaciones	qaḍa al ʻuṭla	قضى العطلة
prueba (f) escrita	imtiḥān (m)	إمتحان
composición (f)	inšā' (m)	إنشاء
dictado (m)	imlā' (m)	إملاء
examen (m)	imtiḥān (m)	إمتحان
hacer un examen	marr al imtiḥān	مرّ الإمتحان
experimento (m)	taʒriba (f)	تجربة

95. Los institutos. La Universidad

academia (f)	akadīmiyya (f)	أكاديميّة
universidad (f)	ʒāmiʻa (f)	جامعة
facultad (f)	kulliyya (f)	كلّيّة
estudiante (m)	ṭālib (m)	طالب
estudiante (f)	ṭāliba (f)	طالبة
profesor (m)	muḥāḍir (m)	محاضر
aula (f)	mudarraʒ (m)	مدرّج
graduado (m)	mutaxarriʒ (m)	متخرّج
diploma (m)	diblūma (f)	دبلومة
tesis (f) de grado	risāla ʻilmiyya (f)	رسالة علميّة
estudio (m)	dirāsa (f)	دراسة
laboratorio (m)	muxtabar (m)	مختبر
clase (f)	muḥāḍara (f)	محاضرة
compañero (m) de curso	zamīl fiṣ ṣaff (m)	زميل في الصفّ
beca (f)	minḥa dirāsiyya (f)	منحة دراسيّة
grado (m) académico	daraʒa ʻilmiyya (f)	درجة علميّة

96. Las ciencias. Las disciplinas

matemáticas (f pl)	riyāḍīyyāt (pl)	رياضيّات
álgebra (f)	al ӡabr (m)	الجبر
geometría (f)	handasa (f)	هندسة
astronomía (f)	'ilm al falak (m)	علم الفلك
biología (f)	'ilm al aḥyā' (m)	علم الأحياء
geografía (f)	ӡuɣrāfiya (f)	جغرافيا
geología (f)	ӡiulūӡiya (f)	جيولوجيا
historia (f)	tarīχ (m)	تاريخ
medicina (f)	ṭibb (m)	طبّ
pedagogía (f)	'ilm at tarbiya (f)	علم التربية
derecho (m)	qānūn (m)	قانون
física (f)	fizyā' (f)	فيزياء
química (f)	kimyā' (f)	كيمياء
filosofía (f)	falsafa (f)	فلسفة
psicología (f)	'ilm an nafs (m)	علم النفس

97. Los sistemas de escritura. La ortografía

gramática (f)	an naḥw waṣ ṣarf (m)	النحو والصرف
vocabulario (m)	mufradāt al luɣa (pl)	مفردات اللغة
fonética (f)	ṣawtīyyāt (pl)	صوتيّات
sustantivo (m)	ism (m)	إسم
adjetivo (m)	ṣifa (f)	صفة
verbo (m)	fi'l (m)	فعل
adverbio (m)	ẓarf (m)	ظرف
pronombre (m)	ḍamīr (m)	ضمير
interjección (f)	ḥarf nidā' (m)	حرف نداء
preposición (f)	ḥarf al ӡarr (m)	حرف الجرّ
raíz (f), radical (m)	ӡiðr al kalima (m)	جذر الكلمة
desinencia (f)	nihāya (f)	نهاية
prefijo (m)	sābiqa (f)	سابقة
sílaba (f)	maqṭa' lafẓiy (m)	مقطع لفظيّ
sufijo (m)	lāḥiqa (f)	لاحقة
acento (m)	nabra (f)	نبرة
apóstrofo (m)	'alāmat ḥaðf (f)	علامة حذف
punto (m)	nuqṭa (f)	نقطة
coma (m)	fāṣila (f)	فاصلة
punto y coma	nuqṭa wa fāṣila (f)	نقطة وفاصلة
dos puntos (m pl)	nuqṭatān ra'siyyatān (du)	نقطتان رأسيتان
puntos (m pl) suspensivos	θalāθ nuqaṭ (pl)	ثلاث نقط
signo (m) de interrogación	'alāmat istifhām (f)	علامة إستفهام
signo (m) de admiración	'alāmat ta'aӡӡub (f)	علامة تعجّب

comillas (f pl)	'alāmāt al iqtibās (pl)	علامات الإقتباس
entre comillas	bayn 'alāmatay al iqtibās	بين علامتي الإقتباس
paréntesis (m)	qawsān (du)	قوسان
entre paréntesis	bayn al qawsayn	بين القوسين
guión (m)	'alāmat waṣl (f)	علامة وصل
raya (f)	ʃurṭa (f)	شرطة
blanco (m)	farāɣ (m)	فراغ
letra (f)	ḥarf (m)	حرف
letra (f) mayúscula	ḥarf kabīr (m)	حرف كبير
vocal (f)	ḥarf ṣawtiy (m)	حرف صوتيّ
consonante (m)	ḥarf sākin (m)	حرف ساكن
oración (f)	ʒumla (f)	جملة
sujeto (m)	fāʿil (m)	فاعل
predicado (m)	musnad (m)	مسند
línea (f)	saṭr (m)	سطر
en una nueva línea	min bidāyat as saṭr	من بداية السطر
párrafo (m)	fiqra (f)	فقرة
palabra (f)	kalima (f)	كلمة
combinación (f) de palabras	maʒmūʿa min al kalimāt (pl)	مجموعة من الكلمات
expresión (f)	ʿibāra (f)	عبارة
sinónimo (m)	murādif (m)	مرادف
antónimo (m)	mutaḍādd luɣawiy (m)	متضادّ
regla (f)	qāʿida (f)	قاعدة
excepción (f)	istiθnāʾ (m)	إستثناء
correcto (adj)	ṣaḥīḥ	صحيح
conjugación (f)	ṣarf (m)	صرف
declinación (f)	taṣrīf al asmāʾ (m)	تصريف الأسماء
caso (m)	ḥāla ismiyya (f)	حالة إسميّة
pregunta (f)	suʾāl (m)	سؤال
subrayar (vt)	waḍaʿ χaṭṭ taḥt	وضع خطًّا تحت
línea (f) de puntos	χaṭṭ munaqqaṭ (m)	خط منقّط

98. Los idiomas extranjeros

lengua (f)	luɣa (f)	لغة
extranjero (adj)	aʒnabiy	أجنبيّ
lengua (f) extranjera	luɣa aʒnabiyya (f)	لغة أجنبيّة
estudiar (vt)	daras	درس
aprender (ingles, etc.)	taʿallam	تعلّم
leer (vi, vt)	qaraʾ	قرأ
hablar (vi, vt)	takallam	تكلّم
comprender (vt)	fahim	فهم
escribir (vt)	katab	كتب
rápidamente (adv)	bi surʿa	بسرعة
lentamente (adv)	bi buṭʾ	ببطء

con fluidez (adv)	bi ṭalāqa	بطلاقة
reglas (f pl)	qawāʻid (pl)	قواعد
gramática (f)	an naḥw waṣ ṣarf (m)	النحو والصرف
vocabulario (m)	mufradāt al luɣa (pl)	مفردات اللغة
fonética (f)	ṣawtīyyāt (pl)	صوتيّات
manual (m)	kitāb taʻlīm (m)	كتاب تعليم
diccionario (m)	qāmūs (m)	قاموس
manual (m) autodidáctico	kitāb taʻlīm ðātiy (m)	كتاب تعليم ذاتيّ
guía (f) de conversación	kitāb lil ʻibārāt aʃʃāʼiʻa (m)	كتاب للعبارت الشائعة
casete (m)	ʃarīṭ (m)	شريط
videocasete (f)	ʃarīṭ vidiyu (m)	شريط فيديو
disco compacto, CD (m)	si di (m)	سي دي
DVD (m)	di vi di (m)	دي في دي
alfabeto (m)	alifbāʼ (m)	الفباء
deletrear (vt)	tahaʒʒa	تهجّى
pronunciación (f)	nuṭq (m)	نطق
acento (m)	lukna (f)	لكنة
con acento	bi lukna	بلكنة
sin acento	bi dūn lukna	بدون لكنة
palabra (f)	kalima (f)	كلمة
significado (m)	maʻna (m)	معنى
cursos (m pl)	dawra (f)	دورة
inscribirse (vr)	saʒʒal ismahu	سجّل إسمه
profesor (m) (~ de inglés)	mudarris (m)	مدرس
traducción (f) (proceso)	tarʒama (f)	ترجمة
traducción (f) (texto)	tarʒama (f)	ترجمة
traductor (m)	mutarʒim (m)	مترجم
intérprete (m)	mutarʒim fawriy (m)	مترجم فوريّ
políglota (m)	ʻalīm bi ʻiddat luɣāt (m)	عليم بعدّة لغات
memoria (f)	ðākira (f)	ذاكرة

El descanso. El entretenimiento. El viaje

99. Las vacaciones. El viaje

turismo (m)	siyāḥa (f)	سياحة
turista (m)	sā'iḥ (m)	سائح
viaje (m)	riḥla (f)	رحلة
aventura (f)	muɣāmara (f)	مغامرة
viaje (m) (p.ej. ~ en coche)	riḥla (f)	رحلة
vacaciones (f pl)	'uṭla (f)	عطلة
estar de vacaciones	'indahu 'uṭla	عنده عطلة
descanso (m)	istirāḥa (f)	إستراحة
tren (m)	qiṭār (m)	قطار
en tren	bil qiṭār	بالقطار
avión (m)	ṭā'ira (f)	طائرة
en avión	biṭ ṭā'ira	بالطائرة
en coche	bis sayyāra	بالسيارة
en barco	bis safīna	بالسفينة
equipaje (m)	aʃ ʃunaṭ (pl)	الشنط
maleta (f)	ḥaqībat safar (f)	حقيبة سفر
carrito (m) de equipaje	'arabat ʃunaṭ (f)	عربة شنط
pasaporte (m)	ӡawāz as safar (m)	جواز السفر
visado (m)	ta'ʃīra (f)	تأشيرة
billete (m)	taðkira (f)	تذكرة
billete (m) de avión	taðkirat ṭā'ira (f)	تذكرة طائرة
guía (f) (libro)	dalīl (m)	دليل
mapa (m)	xarīṭa (f)	خريطة
área (f) (~ rural)	mintaqa (f)	منطقة
lugar (m)	makān (m)	مكان
exotismo (m)	ɣarāba (f)	غرابة
exótico (adj)	ɣarīb	غريب
asombroso (adj)	mudhiʃ	مدهش
grupo (m)	maӡmū'a (f)	مجموعة
excursión (f)	ӡawla (f)	جولة
guía (m) (persona)	murʃid (m)	مرشد

100. El hotel

hotel (m)	funduq (m)	فندق
motel (m)	mutīl (m)	موتيل
de tres estrellas	θalāθat nuӡūm	ثلاثة نجوم

de cinco estrellas	χamsat nuʒūm	خمسة نجوم
hospedarse (vr)	nazal	نزل
habitación (f)	ɣurfa (f)	غرفة
habitación (f) individual	ɣurfa li ʃaχṣ wāḥid (f)	غرفة لشخص واحد
habitación (f) doble	ɣurfa li ʃaχṣayn (f)	غرفة لشخصين
reservar una habitación	ḥaʒaz ɣurfa	حجز غرفة
media pensión (f)	waʒbitān fil yawm (du)	وجبتان في اليوم
pensión (f) completa	θalāθ waʒabāt fil yawm	ثلاث وجبات في اليوم
con baño	bi ḥawḍ al istiḥmām	بحوض الإستحمام
con ducha	bid duʃ	بالدوش
televisión (f) satélite	tilivizyūn faḍā'iy (m)	تلفزيون فضائيّ
climatizador (m)	takyīf (m)	تكييف
toalla (f)	fūṭa (f)	فوطة
llave (f)	miftāḥ (m)	مفتاح
administrador (m)	mudīr (m)	مدير
camarera (f)	'āmilat tanẓīf ɣuraf (f)	عاملة تنظيف غرف
maletero (m)	ḥammāl (m)	حمّال
portero (m)	bawwāb (m)	بوّاب
restaurante (m)	maṭ'am (m)	مطعم
bar (m)	bār (m)	بار
desayuno (m)	fuṭūr (m)	فطور
cena (f)	'aʃā (m)	عشاء
buffet (m) libre	bufīh (m)	بوفيه
vestíbulo (m)	radha (f)	ردهة
ascensor (m)	miṣ'ad (m)	مصعد
NO MOLESTAR	ar raʒā' 'adam al iz'āʒ	الرجاء عدم الإزعاج
PROHIBIDO FUMAR	mamnū' at tadχīn	ممنوع التدخين

EL EQUIPO TÉCNICO. EL TRANSPORTE

El equipo técnico

101. El computador

ordenador (m)	kumbyūtir (m)	كمبيوتر
ordenador (m) portátil	kumbyūtir maḥmūl (m)	كمبيوتر محمول
encender (vt)	ʃayɣal	شغّل
apagar (vt)	aɣlaq	أغلق
teclado (m)	lawḥat al mafātīḥ (f)	لوحة المفاتيح
tecla (f)	miftāḥ (m)	مفتاح
ratón (m)	fa'ra (f)	فأرة
alfombrilla (f) para ratón	wisādat fa'ra (f)	وسادة فأرة
botón (m)	zirr (m)	زرّ
cursor (m)	mu'aʃʃir (m)	مؤشّر
monitor (m)	ʃāʃa (f)	شاشة
pantalla (f)	ʃāʃa (f)	شاشة
disco (m) duro	qurṣ ṣalib (m)	قرص صلب
volumen (m) de disco duro	si'at taχzīn (f)	سعة تخزين
memoria (f)	ðākira (f)	ذاكرة
memoria (f) operativa	ðākirat al wuṣūl al 'aʃwā'iy (f)	ذاكرة الوصول العشوائيّ
archivo, fichero (m)	malaff (m)	ملفّ
carpeta (f)	ḥāfiẓa (m)	حافظة
abrir (vt)	fataḥ	فتح
cerrar (vt)	aɣlaq	أغلق
guardar (un archivo)	ḥafaẓ	حفظ
borrar (vt)	masaḥ	مسح
copiar (vt)	nasaχ	نسخ
ordenar (vt) (~ de A a Z, etc.)	ṣannaf	صنّف
transferir (vt)	naqal	نقل
programa (m)	barnāmaʒ (m)	برنامج
software (m)	barāmiʒ kumbyūtir (pl)	برامج كمبيوتر
programador (m)	mubarmiʒ (m)	مبرمج
programar (vt)	barmaʒ	برمج
hacker (m)	hākir (m)	هاكر
contraseña (f)	kalimat as sirr (f)	كلمة السرّ
virus (m)	virūs (m)	فيروس
detectar (vt)	waʒad	وجد
octeto, byte (m)	bayt (m)	بايت

megaocteto (m)	miʒabāyt (m)	ميجابايت
datos (m pl)	bayānāt (pl)	بيانات
base (f) de datos	qaʿidat bayānāt (f)	قاعدة بيانات
cable (m)	kābil (m)	كابل
desconectar (vt)	faṣal	فصل
conectar (vt)	waṣṣal	وصّل

102. El internet. El correo electrónico

internet (m), red (f)	intirnit (m)	إنترنت
navegador (m)	mutaṣaffiḥ (m)	متصفح
buscador (m)	muḥarrik baḥθ (m)	محرّك بحث
proveedor (m)	ʃarikat al intirnīt (f)	شركة الإنترنيت
webmaster (m)	mudīr al mawqiʿ (m)	مدير الموقع
sitio (m) web	mawqiʿ iliktrūniy (m)	موقع إلكتروني
página (f) web	ṣafḥat wīb (f)	صفحة ويب
dirección (f)	ʿunwān (m)	عنوان
libro (m) de direcciones	daftar al ʿanāwīn (m)	دفتر العناوين
buzón (m)	ṣundūq al barīd (m)	صندوق البريد
correo (m)	barīd (m)	بريد
lleno (adj)	mumtali'	ممتلىء
mensaje (m)	risāla iliktrūniyya (f)	رسالة إلكترونيّة
correo (m) entrante	rasa'il wārida (pl)	رسائل واردة
correo (m) saliente	rasa'il ṣādira (pl)	رسائل صادرة
expedidor (m)	mursil (m)	مرسل
enviar (vt)	arsal	أرسل
envío (m)	irsāl (m)	إرسال
destinatario (m)	mursal ilayh (m)	مرسل إليه
recibir (vt)	istalam	إستلم
correspondencia (f)	murāsala (f)	مراسلة
escribirse con …	tarāsal	تراسل
archivo, fichero (m)	malaff (m)	ملفّ
descargar (vt)	ḥammal	حمّل
crear (vt)	anʃa'	أنشأ
borrar (vt)	masaḥ	مسح
borrado (adj)	mamsūḥ	ممسوح
conexión (f) (ADSL, etc.)	ittiṣāl (m)	إتّصال
velocidad (f)	surʿa (f)	سرعة
módem (m)	mudim (m)	مودم
acceso (m)	wuṣūl (m)	وصول
puerto (m)	maxraʒ (m)	مخرج
conexión (f) (establecer la ~)	ittiṣāl (m)	إتّصال
conectarse a …	ittaṣal	إتّصل
seleccionar (vt)	ixtār	إختار
buscar (vt)	baḥaθ	بحث

103. La electricidad

electricidad (f)	kahrabā' (m)	كهرباء
eléctrico (adj)	kahrabā'iy	كهربائيّ
central (f) eléctrica	maḥaṭṭa kahrabā'iyya (f)	محطّة كهربائيّة
energía (f)	ṭāqa (f)	طاقة
energía (f) eléctrica	ṭāqa kahrabā'iyya (f)	طاقة كهربائيّة
bombilla (f)	lamba (f)	لمبة
linterna (f)	kaʃʃāf an nūr (m)	كشّاف النور
farola (f)	ʿamūd an nūr (m)	عمود النور
luz (f)	nūr (m)	نور
encender (vt)	fataḥ, ʃayyal	فتح, شغّل
apagar (vt)	ṭaffa	طفّى
apagar la luz	ṭaffa n nūr	طفّى النور
quemarse (vr)	intafa'	إنطفأ
circuito (m) corto	da'ira kahrabā'iyya qaṣīra (f)	دائرة كهربائية قصيرة
ruptura (f)	silk maqṭūʿ (m)	سلك مقطوع
contacto (m)	talāmus (m)	تلامس
interruptor (m)	miftāḥ an nūr (m)	مفتاح النور
enchufe (m)	barizat al kahrabā' (f)	بريزة الكهرباء
clavija (f)	fīʃat al kahrabā' (f)	فيشة الكهرباء
alargador (m)	silk tawṣīl (m)	سلك توصيل
fusible (m)	fāṣima (f)	فاصمة
cable, hilo (m)	silk (m)	سلك
instalación (f) eléctrica	aslāk (pl)	أسلاك
amperio (m)	ambīr (m)	أمبير
amperaje (m)	ʃiddat at tayyār al kahrabā'iy (f)	شدّة التيّار الكهربائيّ
voltio (m)	vūlt (m)	فولت
voltaje (m)	ʒuhd kahrabā'iy (m)	جهد كهربائيّ
aparato (m) eléctrico	ʒihāz kahrabā'iy (m)	جهاز كهربائيّ
indicador (m)	mu'aʃʃir (m)	مؤشّر
electricista (m)	kahrabā'iy (m)	كهربائيّ
soldar (vt)	laḥam	لحم
soldador (m)	adāt laḥm (f)	أداة لحم
corriente (f)	tayyār kahrabā'iy (m)	تيّار كهربائيّ

104. Las herramientas

instrumento (m)	adāt (f)	أداة
instrumentos (m pl)	adawāt (pl)	أدوات
maquinaria (f)	muʿaddāt (pl)	معدّات
martillo (m)	miṭraqa (f)	مطرقة
destornillador (m)	mifakk (m)	مفكّ

hacha (f)	fa's (m)	فأس
sierra (f)	minʃār (m)	منشار
serrar (vt)	naʃar	نشر
cepillo (m)	masḥāʒ (m)	مسحج
cepillar (vt)	saḥaʒ	سحج
soldador (m)	adāt laḥm (f)	أداة لحم
soldar (vt)	laḥam	لحم
lima (f)	mibrad (m)	مبرد
tenazas (f pl)	kammāʃa (f)	كمّاشة
alicates (m pl)	zardiyya (f)	زرديّة
escoplo (m)	izmīl (m)	إزميل
broca (f)	luqmat θaqb (m)	لقمة ثقب
taladro (m)	miθqab (m)	مثقب
taladrar (vi, vt)	θaqab	ثقب
cuchillo (m)	sikkīn (m)	سكّين
navaja (f)	sikkīn ʒayb (m)	سكّين جيب
filo (m)	ʃafra (f)	شفرة
agudo (adj)	ḥādd	حادّ
embotado (adj)	θālim	ثالم
embotarse (vr)	taθallam	تثلّم
afilar (vt)	ʃaḥað	شحذ
perno (m)	mismār qalāwūz (m)	مسمار قلاووظ
tuerca (f)	ṣamūla (f)	صامولة
filete (m)	naẓm (m)	نظم
tornillo (m)	qalāwūz (m)	قلاووظ
clavo (m)	mismār (m)	مسمار
cabeza (f) del clavo	ra's al mismār (m)	رأس المسمار
regla (f)	masṭara (f)	مسطرة
cinta (f) métrica	ʃarīṭ al qiyās (m)	شريط القياس
nivel (m) de burbuja	mīzān al mā' (m)	ميزان الماء
lupa (f)	'adasa mukabbira (f)	عدسة مكبّرة
aparato (m) de medida	ʒihāz qiyās (m)	جهاز قياس
medir (vt)	qās	قاس
escala (f) (~ métrica)	miqyās (m)	مقياس
lectura (f)	qirā'a (f)	قراءة
compresor (m)	dāɣiṭ al ɣāz (m)	ضاغط الغاز
microscopio (m)	mikruskūb (m)	ميكروسكوب
bomba (f) (~ de agua)	ṭulumba (f)	طلمبة
robot (m)	rūbut (m)	روبوت
láser (m)	layzir (m)	ليزر
llave (f) de tuerca	miftāḥ aṣ ṣawāmīl (m)	مفتاح الصواميل
cinta (f) adhesiva	lazq (m)	لزق
cola (f), pegamento (m)	ṣamɣ (m)	صمغ
papel (m) de lija	waraq ṣanfara (f)	ورق صنفرة
resorte (m)	sūsta (f)	سوستة

imán (m)	miɣnaṭīs (m)	مغنطيس
guantes (m pl)	quffāz (m)	قفاز
cuerda (f)	ḥabl (m)	حبل
cordón (m)	ḥabl (m)	حبل
hilo (m) (~ eléctrico)	silk (m)	سلك
cable (m)	kābil (m)	كابل
almádana (f)	mirzaba (f)	مرزبة
barra (f)	ʻatala (f)	عتلة
escalera (f) portátil	sullam (m)	سلّم
escalera (f) de tijera	sullam (m)	سلّم
atornillar (vt)	aḥkam aʃ ʃadd	أحكم الشدّ
destornillar (vt)	fataḥ	فتح
apretar (vt)	kamaʃ	كمش
pegar (vt)	alṣaq	ألصق
cortar (vt)	qaṭaʻ	قطع
fallo (m)	taʻaṭṭul (m)	تعطّل
reparación (f)	iṣlāḥ (m)	إصلاح
reparar (vt)	aṣlaḥ	أصلح
regular, ajustar (vt)	ḍabaṭ	ضبط
verificar (vt)	iχtabar	إختبر
control (m)	faḥṣ (m)	فحص
lectura (f) (~ del contador)	qirāʼa (f)	قراءة
fiable (máquina)	matīn	متين
complicado (adj)	murakkab	مركّب
oxidarse (vr)	ṣadiʼ	صدئ
oxidado (adj)	ṣadīʼ	صديء
óxido (m)	ṣadaʼ (m)	صدأ

El transporte

105. El avión

avión (m)	ṭā'ira (f)	طائرة
billete (m) de avión	taðkirat ṭā'ira (f)	تذكرة طائرة
compañía (f) aérea	ʃarikat ṭayarān (f)	شركة طيران
aeropuerto (m)	maṭār (m)	مطار
supersónico (adj)	xāriq liṣ ṣawt	خارق للصوت
comandante (m)	qā'id aṭ ṭā'ira (m)	قائد الطائرة
tripulación (f)	ṭāqim (m)	طاقم
piloto (m)	ṭayyār (m)	طيّار
azafata (f)	muḍīfat ṭayarān (f)	مضيفة طيران
navegador (m)	mallāḥ (m)	ملّاح
alas (f pl)	aʒniḥa (pl)	أجنحة
cola (f)	ðayl (m)	ذيل
cabina (f)	kabīna (f)	كابينة
motor (m)	mutūr (m)	موتور
tren (m) de aterrizaje	'aʒalāt al hubūṭ (pl)	عجلات الهبوط
turbina (f)	turbīna (f)	تربينة
hélice (f)	mirwaḥa (f)	مروحة
caja (f) negra	musaʒʒil aṭ ṭayarān (m)	مسجّل الطيران
timón (m)	'aʒalat qiyāda (f)	عجلة قيادة
combustible (m)	wuqūd (m)	وقود
instructivo (m) de seguridad	biṭāqat as salāma (f)	بطاقة السلامة
respirador (m) de oxígeno	qinā' uksiʒīn (m)	قناع أوكسيجين
uniforme (m)	libās muwaḥḥad (m)	لباس موحّد
chaleco (m) salvavidas	sutrat naʒāt (f)	سترة نجاة
paracaídas (m)	miẓallat hubūṭ (f)	مظلّة هبوط
despegue (m)	iqlā' (m)	إقلاع
despegar (vi)	aqla'at	أقلعت
pista (f) de despegue	madraʒ aṭ ṭā'irāt (m)	مدرج الطائرات
visibilidad (f)	ru'ya (f)	رؤية
vuelo (m)	ṭayarān (m)	طيران
altura (f)	irtifā' (m)	إرتفاع
pozo (m) de aire	ʒayb hawā'iy (m)	جيب هوائيّ
asiento (m)	maq'ad (m)	مقعد
auriculares (m pl)	sammā'āt ra'siya (pl)	سمّاعات رأسيّة
mesita (f) plegable	ṣīniyya qābila liṭ ṭayy (f)	صينية قابلة للطيّ
ventana (f)	ʃubbāk aṭ ṭā'ira (m)	شبّاك الطائرة
pasillo (m)	mamarr (m)	ممرّ

106. El tren

tren (m)	qiṭār (m)	قطار
tren (m) de cercanías	qiṭār (m)	قطار
tren (m) rápido	qiṭār sarīʻ (m)	قطار سريع
locomotora (f) diésel	qāṭirat dīzil (f)	قاطرة ديزل
tren (m) de vapor	qāṭira buxāriyya (f)	قاطرة بخارية
coche (m)	ʻaraba (f)	عربة
coche (m) restaurante	ʻarabat al maṭʻam (f)	عربة المطعم
rieles (m pl)	quḍubān (pl)	قضبان
ferrocarril (m)	sikka ḥadīdiyya (f)	سكة حديدية
traviesa (f)	ʻāriḍa (f)	عارضة
plataforma (f)	raṣīf (m)	رصيف
vía (f)	xaṭṭ (m)	خط
semáforo (m)	simafūr (m)	سيمافور
estación (f)	maḥaṭṭa (f)	محطة
maquinista (m)	sāʼiq (m)	سائق
maletero (m)	ḥammāl (m)	حمّال
mozo (m) del vagón	masʼūl ʻarabat al qiṭār (m)	مسؤول عربة القطار
pasajero (m)	rākib (m)	راكب
revisor (m)	kamsariy (m)	كمسريّ
corredor (m)	mamarr (m)	ممرّ
freno (m) de urgencia	farāmil aṭ ṭawāriʼ (pl)	فرامل الطوارئ
compartimiento (m)	ɣurfa (f)	غرفة
litera (f)	sarīr (m)	سرير
litera (f) de arriba	sarīr ʻulwiy (m)	سرير علويّ
litera (f) de abajo	sarīr sufliy (m)	سرير سفليّ
ropa (f) de cama	axṭiyat as sarīr (pl)	أغطية السرير
billete (m)	taðkira (f)	تذكرة
horario (m)	ʒadwal (m)	جدول
pantalla (f) de información	lawḥat maʻlūmāt (f)	لوحة معلومات
partir (vi)	ɣādar	غادر
partida (f) (del tren)	muɣādara (f)	مغادرة
llegar (tren)	waṣal	وصل
llegada (f)	wuṣūl (m)	وصول
llegar en tren	waṣal bil qiṭār	وصل بالقطار
tomar el tren	rakib al qiṭār	ركب القطار
bajar del tren	nazil min al qiṭār	نزل من القطار
descarrilamiento (m)	ḥiṭām qiṭār (m)	حطام قطار
descarrilarse (vr)	xaraʒ ʻan xaṭṭ sayrih	خرج عن خط سيره
tren (m) de vapor	qāṭira buxāriyya (f)	قاطرة بخارية
fogonero (m)	ʻataʃʒiy (m)	عطشجيّ
hogar (m)	furn al muḥarrik (m)	فرن المحرّك
carbón (m)	faḥm (m)	فحم

107. El barco

Español	Transliteración	Árabe
barco, buque (m)	safīna (f)	سفينة
navío (m)	safīna (f)	سفينة
buque (m) de vapor	bāxira (f)	باخرة
motonave (f)	bāxira nahriyya (f)	باخرة نهريّة
trasatlántico (m)	bāxira siyahiyya (f)	باخرة سياحيّة
crucero (m)	ṭarrād (m)	طرّاد
yate (m)	yaxt (m)	يخت
remolcador (m)	qāṭira (f)	قاطرة
barcaza (f)	ṣandal (m)	صندل
ferry (m)	ʿabbāra (f)	عبّارة
velero (m)	safīna ʃirāʿiyya (m)	سفينة شراعيّة
bergantín (m)	markab ʃirāʿiy (m)	مركب شراعيّ
rompehielos (m)	muḥaṭṭimat ʒalīd (f)	محطّمة جليد
submarino (m)	ɣawwāṣa (f)	غوّاصة
bote (m) de remo	markab (m)	مركب
bote (m)	zawraq (m)	زورق
bote (m) salvavidas	qārib naʒāt (m)	قارب نجاة
lancha (f) motora	lanʃ (m)	لنش
capitán (m)	qubṭān (m)	قبطان
marinero (m)	baḥḥār (m)	بحّار
marino (m)	baḥḥār (m)	بحّار
tripulación (f)	ṭāqim (m)	طاقم
contramaestre (m)	raʾīs al baḥḥāra (m)	رئيس البحّارة
grumete (m)	ṣabiy as safīna (m)	صبي السفينة
cocinero (m) de abordo	ṭabbāx (m)	طبّاخ
médico (m) del buque	ṭabīb as safīna (m)	طبيب السفينة
cubierta (f)	saṭḥ as safīna (m)	سطح السفينة
mástil (m)	sāriya (f)	سارية
vela (f)	ʃirāʿ (m)	شراع
bodega (f)	ʿambar (m)	عنبر
proa (f)	muqaddama (m)	مقدّمة
popa (f)	muʾaxirat as safīna (f)	مؤخرة السفينة
remo (m)	miʒðāf (m)	مجذاف
hélice (f)	mirwaḥa (f)	مروحة
camarote (m)	kabīna (f)	كابينة
sala (f) de oficiales	ɣurfat al istirāḥa (f)	غرفة الإستراحة
sala (f) de máquinas	qism al ʾālāt (m)	قسم الآلات
puente (m) de mando	burʒ al qiyāda (m)	برج القيادة
sala (f) de radio	ɣurfat al lāsilkiy (f)	غرفة اللاسلكيّ
onda (f)	mawʒa (f)	موجة
cuaderno (m) de bitácora	siʒil as safīna (m)	سجل السفينة
anteojo (m)	minẓār (m)	منظار
campana (f)	ʒaras (m)	جرس

bandera (f)	ʻalam (m)	علم
cabo (m) (maroma)	ḥabl (m)	حبل
nudo (m)	ʻuqda (f)	عقدة
pasamano (m)	drabizīn (m)	درابزين
pasarela (f)	sullam (m)	سلّم
ancla (f)	mirsāt (f)	مرساة
levar ancla	rafaʻ mirsāt	رفع مرساة
echar ancla	rasa	رسا
cadena (f) del ancla	silsilat mirsāt (f)	سلسلة مرساة
puerto (m)	mīnāʼ (m)	ميناء
embarcadero (m)	marsa (m)	مرسى
amarrar (vt)	rasa	رسا
desamarrar (vt)	aqlaʻ	أقلع
viaje (m)	riḥla (f)	رحلة
crucero (m) (viaje)	riḥla baḥriyya (f)	رحلة بحرية
derrota (f) (rumbo)	masār (m)	مسار
itinerario (m)	ṭarīq (m)	طريق
canal (m) navegable	maʒra milāḥiy (m)	مجرى ملاحيّ
bajío (m)	miyāh ḍaḥla (f)	مياه ضحلة
encallar (vi)	ʒanaḥ	جنح
tempestad (f)	ʻāṣifa (f)	عاصفة
señal (f)	iʃāra (f)	إشارة
hundirse (vr)	ɣariq	غرق
¡Hombre al agua!	saqaṭ raʒul min as safīna!	سقط رجل من السفينة!
SOS	nidāʼ iɣāθa (m)	نداء إغاثة
aro (m) salvavidas	ṭawq naʒāt (m)	طوق نجاة

108. El aeropuerto

aeropuerto (m)	maṭār (m)	مطار
avión (m)	ṭāʼira (f)	طائرة
compañía (f) aérea	ʃarikat ṭayarān (f)	شركة طيران
controlador (m) aéreo	marāqib al ḥaraka al ʒawwiyya (pl)	مراقب الحركة الجويّة
despegue (m)	muɣādara (f)	مغادرة
llegada (f)	wuṣūl (m)	وصول
llegar (en avión)	waṣal	وصل
hora (f) de salida	waqt al muɣādara (m)	وقت المغادرة
hora (f) de llegada	waqt al wuṣūl (m)	وقت الوصول
retrasarse (vr)	taʼaxxar	تأخّر
retraso (m) de vuelo	taʼaxxur ar riḥla (m)	تأخّر الرحلة
pantalla (f) de información	lawḥat al maʻlūmāt (f)	لوحة المعلومات
información (f)	istiʻlāmāt (pl)	إستعلامات
anunciar (vt)	aʻlan	أعلن

vuelo (m)	riḥla (f)	رحلة
aduana (f)	ʒamārik (pl)	جمارك
aduanero (m)	muwaẓẓaf al ʒamārik (m)	موظف الجمارك
declaración (f) de aduana	taṣrīḥ ʒumrukiy (m)	تصريح جمركيّ
rellenar (vt)	mala'	ملأ
rellenar la declaración	mala' at taṣrīḥ	ملأ التصريح
control (m) de pasaportes	taftīʃ al ʒawāzāt (m)	تفتيش الجوازات
equipaje (m)	aʃ ʃunaṭ (pl)	الشنط
equipaje (m) de mano	ʃunaṭ al yad (pl)	شنط اليد
carrito (m) de equipaje	ʿarabat ʃunaṭ (f)	عربة شنط
aterrizaje (m)	hubūṭ (m)	هبوط
pista (f) de aterrizaje	mamarr al hubūṭ (m)	ممرّ الهبوط
aterrizar (vi)	habaṭ	هبط
escaleras (f pl) (de avión)	sullam aṭ ṭā'ira (m)	سلّم الطائرة
facturación (f) (check-in)	tasʒīl (m)	تسجيل
mostrador (m) de facturación	makān at tasʒīl (m)	مكان التسجيل
hacer el check-in	saʒʒal	سجّل
tarjeta (f) de embarque	biṭāqat ṣuʿūd (f)	بطاقة صعود
puerta (f) de embarque	bawwābat al muɣādara (f)	بوّابة المغادرة
tránsito (m)	tranzīt (m)	ترانزيت
esperar (aguardar)	intaẓar	إنتظر
zona (f) de preembarque	qāʿat al muɣādara (f)	قاعة المغادرة
despedir (vt)	waddaʿ	ودّع
despedirse (vr)	waddaʿ	ودّع

Acontecimentos de la vida

109. Los días festivos. Los eventos

fiesta (f)	'īd (m)	عيد
fiesta (f) nacional	'īd wataniy (m)	عيد وطنيّ
día (m) de fiesta	yawm al 'utla ar rasmiyya (m)	يوم العطلة الرسمية
celebrar (vt)	ihtafal	إحتفل

evento (m)	hadaθ (m)	حدث
medida (f)	munasaba (f)	مناسبة
banquete (m)	walīma (f)	وليمة
recepción (f)	haflat istiqbāl (f)	حفلة إستقبال
festín (m)	walīma (f)	وليمة

aniversario (m)	ðikra sanawiyya (f)	ذكرى سنوية
jubileo (m)	yubīl (m)	يوبيل

Año (m) Nuevo	ra's as sana (m)	رأس السنة
¡Feliz Año Nuevo!	kull sana wa anta tayyib!	كلّ سنة وأنت طيّب!
Papá Noel (m)	baba nuwīl (m)	بابا نويل

Navidad (f)	'īd al mīlād (m)	عيد الميلاد
¡Feliz Navidad!	'īd mīlād sa'īd!	عيد ميلاد سعيد!
árbol (m) de Navidad	ʃaӡarat ra's as sana (f)	شجرة رأس السنة
fuegos (m pl) artificiales	al'āb nāriyya (pl)	ألعاب ناريّة

boda (f)	zifāf (m)	زفاف
novio (m)	'arīs (m)	عريس
novia (f)	'arūsa (f)	عروسة

invitar (vt)	da'a	دعا
tarjeta (f) de invitación	bitāqat da'wa (f)	بطاقة دعوة

invitado (m)	dayf (m)	ضيف
visitar (vt) (a los amigos)	zār	زار
recibir a los invitados	istaqbal ad duyūf	إستقبل الضيوف

regalo (m)	hadiyya (f)	هديّة
regalar (vt)	qaddam	قدّم
recibir regalos	istalam al hadāya	إستلم الهدايا
ramo (m) de flores	bāqat zuhūr (f)	باقة زهور

felicitación (f)	tahni'a (f)	تهنئة
felicitar (vt)	hanna'	هنّأ

tarjeta (f) de felicitación	bitāqat tahni'a (f)	بطاقة تهنئة
enviar una tarjeta	arsal bitāqat tahni'a	أرسل بطاقة تهنئة
recibir una tarjeta	istalam bitāqat tahni'a	إستلم بطاقة تهنئة
brindis (m)	naχb (m)	نخب

ofrecer (~ una copa)	ḍayyaf	ضيّف
champaña (f)	ʃambāniya (f)	شمبانيا

divertirse (vr)	istamtaʻ	إستمتع
diversión (f)	faraḥ (m)	فرح
alegría (f) (emoción)	saʻāda (f)	سعادة

baile (m)	rāqiṣa (f)	رقصة
bailar (vi, vt)	raqaṣ	رقص

vals (m)	vāls (m)	فالس
tango (m)	tāngu (m)	تانجو

110. Los funerales. El entierro

cementerio (m)	maqbara (f)	مقبرة
tumba (f)	qabr (m)	قبر
cruz (f)	ṣalīb (m)	صليب
lápida (f)	ʃāhid al qabr (m)	شاهد القبر
verja (f)	sūr (m)	سور
capilla (f)	kanīsa ṣaɣīra (f)	كنيسة صغيرة

muerte (f)	mawt (m)	موت
morir (vi)	māt	مات
difunto (m)	al mutawaffī (m)	المتوفّي
luto (m)	ḥidād (m)	حداد

enterrar (vt)	dafan	دفن
funeraria (f)	bayt al ʒanāzāt (m)	بيت الجنازات
entierro (m)	ʒanāza (f)	جنازة

corona (f) funeraria	iklīl (m)	إكليل
ataúd (m)	tābūt (m)	تابوت
coche (m) fúnebre	sayyārat naql al mawta (f)	سيّارة نقل الموتى
mortaja (f)	kafan (m)	كفن

cortejo (m) fúnebre	ʒanāza (f)	جنازة
urna (f) funeraria	qārūra li ḥifẓ ramād al mawta (f)	قارورة لحفظ رماد الموتى
crematorio (m)	maḥraqat ʒuθaθ al mawta (f)	محرقة جثث الموتى

necrología (f)	naʻiy (m)	نعيّ
llorar (vi)	baka	بكى
sollozar (vi)	naḥab	نحب

111. La guerra. Los soldados

sección (f)	faṣīla (f)	فصيلة
compañía (f)	sariyya (f)	سريّة
regimiento (m)	fawʒ (m)	فوج
ejército (m)	ʒayʃ (m)	جيش
división (f)	firqa (f)	فرقة

destacamento (m)	waḥda (f)	وحدة
hueste (f)	ʒayʃ (m)	جيش
soldado (m)	ʒundiy (m)	جنديّ
oficial (m)	ḍābiṭ (m)	ضابط
soldado (m) raso	ʒundiy (m)	جنديّ
sargento (m)	raqīb (m)	رقيب
teniente (m)	mulāzim (m)	ملازم
capitán (m)	naqīb (m)	نقيب
mayor (m)	rāʾid (m)	رائد
coronel (m)	ʿaqīd (m)	عقيد
general (m)	ʒinirāl (m)	جنرال
marino (m)	baḥḥār (m)	بحّار
capitán (m)	qubṭān (m)	قبطان
contramaestre (m)	raʾīs al baḥḥāra (m)	رئيس البحّارة
artillero (m)	madfaʿiy (m)	مدفعيّ
paracaidista (m)	ʒundiy al maẓallāt (m)	جنديّ المظلّات
piloto (m)	ṭayyār (m)	طيّار
navegador (m)	mallāḥ (m)	ملّاح
mecánico (m)	mikanīkiy (m)	ميكانيكيّ
zapador (m)	muhandis ʿaskariy (m)	مهندس عسكريّ
paracaidista (m)	miẓalliy (m)	مظلّيّ
explorador (m)	mustakʃif (m)	مستكشف
francotirador (m)	qannāṣ (m)	قنّاص
patrulla (f)	dawriyya (f)	دوريّة
patrullar (vi, vt)	qām bi dawriyya	قام بدوريّة
centinela (m)	ḥāris (m)	حارس
guerrero (m)	muḥārib (m)	محارب
patriota (m)	waṭaniy (m)	وطنيّ
héroe (m)	baṭal (m)	بطل
heroína (f)	baṭala (f)	بطلة
traidor (m)	χāʾin (m)	خائن
traicionar (vt)	χān	خان
desertor (m)	hārib min al ʒayʃ (m)	هارب من الجيش
desertar (vi)	harab min al ʒayʃ	هرب من الجيش
mercenario (m)	maʾʒūr (m)	مأجور
recluta (m)	ʒundiy ʒadīd (m)	جنديّ جديد
voluntario (m)	mutaṭawwiʿ (m)	متطوّع
muerto (m)	qatīl (m)	قتيل
herido (m)	ʒarīḥ (m)	جريح
prisionero (m)	asīr (m)	أسير

112. La guerra. El ámbito militar. Unidad 1

guerra (f)	ḥarb (f)	حرب
estar en guerra	ḥārab	حارب

Español	Transliteración	Árabe
guerra (f) civil	ḥarb ahliyya (f)	حرب أهليّة
pérfidamente (adv)	ɣadran	غدرًا
declaración (f) de guerra	i'lān ḥarb (m)	إعلان حرب
declarar (~ la guerra)	a'lan	أعلن
agresión (f)	'udwān (m)	عدوان
atacar (~ a un país)	haʒam	هجم
invadir (vt)	iḥtall	إحتلّ
invasor (m)	muḥtall (m)	محتلّ
conquistador (m)	fātiḥ (m)	فاتح
defensa (f)	difā' (m)	دفاع
defender (vt)	dāfa'	دافع
defenderse (vr)	dāfa' 'an nafsih	دافع عن نفسه
enemigo (m)	'aduww (m)	عدوّ
adversario (m)	χaṣm (m)	خصم
enemigo (adj)	'aduww	عدوّ
estrategia (f)	istratiʒiyya (f)	إستراتيجيّة
táctica (f)	taktīk (m)	تكتيك
orden (f)	amr (m)	أمر
comando (m)	amr (m)	أمر
ordenar (vt)	amar	أمر
misión (f)	muhimma (f)	مهمّة
secreto (adj)	sirriy	سرّيّ
batalla (f)	ma'raka (f)	معركة
combate (m)	qitāl (m)	قتال
ataque (m)	huʒūm (m)	هجوم
asalto (m)	inqiḍāḍ (m)	إنقضاض
tomar por asalto	inqaḍḍ	إنقضّ
asedio (m), sitio (m)	ḥiṣār (m)	حصار
ofensiva (f)	huʒūm (m)	هجوم
tomar la ofensiva	haʒam	هجم
retirada (f)	insiḥāb (m)	إنسحاب
retirarse (vr)	insaḥab	إنسحب
envolvimiento (m)	iḥāṭa (f)	إحاطة
cercar (vt)	aḥāṭ	أحاط
bombardeo (m)	qaṣf (m)	قصف
lanzar una bomba	asqaṭ qumbula	أسقط قنبلة
bombear (vt)	qaṣaf	قصف
explosión (f)	infiʒār (m)	إنفجار
tiro (m), disparo (m)	ṭalaqa (f)	طلقة
disparar (vi)	aṭlaq an nār	أطلق النار
tiro (m) (de artillería)	iṭlāq an nār (m)	إطلاق النار
apuntar a ...	ṣawwab	صوّب
encarar (apuntar)	ṣawwab	صوّب

alcanzar (el objetivo)	aṣāb al hadaf	أصاب الهدف
hundir (vt)	aɣraq	أغرق
brecha (f) (~ en el casco)	θuqb (m)	ثقب
hundirse (vr)	ɣariq	غرق
frente (m)	ʒabha (f)	جبهة
evacuación (f)	iχlā' aṭ ṭawāri (m)	إخلاء الطوارئ
evacuar (vt)	aχla	أخلى
trinchera (f)	χandaq (m)	خندق
alambre (m) de púas	aslāk ʃā'ika (pl)	أسلاك شائكة
barrera (f) (~ antitanque)	ḥāʒiz (m)	حاجز
torre (f) de vigilancia	burʒ muraqaba (m)	برج مراقبة
hospital (m)	mustaʃfa 'askariy (m)	مستشفى عسكريّ
herir (vt)	ʒaraḥ	جرح
herida (f)	ʒurḥ (m)	جرح
herido (m)	ʒarīḥ (m)	جريح
recibir una herida	uṣīb bil ʒirāḥ	أصيب بالجراح
grave (herida)	χaṭīr	خطير

113. La guerra. El ámbito militar. Unidad 2

cautiverio (m)	asr (m)	أسر
capturar (vt)	asar	أسر
estar en cautiverio	kān asīran	كان أسيرًا
caer prisionero	waqaʻ fil asr	وقع في الأسر
campo (m) de concentración	muʻaskar iʻtiqāl (m)	معسكر إعتقال
prisionero (m)	asīr (m)	أسير
escapar (de cautiverio)	harab	هرب
traicionar (vt)	χān	خان
traidor (m)	χā'in (m)	خائن
traición (f)	χiyāna (f)	خيانة
fusilar (vt)	aʻdam ramyan bir raṣāṣ	أعدم رميًا بالرصاص
fusilamiento (m)	iʻdām ramyan bir raṣāṣ (m)	إعدام رميًا بالرصاص
equipo (m) (uniforme, etc.)	al 'itād al 'askariy (m)	العتاد العسكريّ
hombrera (f)	katāfa (f)	كتافة
máscara (f) antigás	qināʻ al ɣāz (m)	قناع الغاز
radio transmisor (m)	ʒihāz lāsilkiy (m)	جهاز لاسلكيّ
cifra (f) (código)	ʃifra (f)	شفرة
conspiración (f)	sirriyya (f)	سرّية
contraseña (f)	kalimat al murūr (f)	كلمة مرور
mina (f) terrestre	laɣm (m)	لغم
minar (poner minas)	laɣɣam	لغّم
campo (m) minado	ḥaql alɣām (m)	حقل ألغام
alarma (f) aérea	inðār ʒawwiy (m)	إنذار جويّ
alarma (f)	inðār (m)	إنذار

señal (f)	iʃāra (f)	إشارة
cohete (m) de señales	iʃāra muḍīʾa (f)	إشارة مضيئة
estado (m) mayor	maqarr (m)	مقرّ
reconocimiento (m)	kaʃʃāfat al istiṭlāʿ (f)	كشّافة الإستطلاع
situación (f)	waḍʿ (m)	وضع
informe (m)	taqrīr (m)	تقرير
emboscada (f)	kamīn (m)	كمين
refuerzo (m)	imdādāt ʿaskariyya (pl)	إمدادات عسكريّة
blanco (m)	hadaf (m)	هدف
terreno (m) de prueba	ḥaql taʒārib (m)	حقل تجارب
maniobras (f pl)	munāwarāt ʿaskariyya (pl)	مناورات عسكريّة
pánico (m)	ðuʿr (m)	ذعر
devastación (f)	damār (m)	دمار
destrucciones (f pl)	ḥiṭām (pl)	حطام
destruir (vt)	dammar	دمّر
sobrevivir (vi, vt)	naʒa	نجا
desarmar (vt)	ʒarrad min as silāḥ	جرّد من السلاح
manejar (un arma)	istaʿmal	إستعمل
¡Firmes!	intibāh!	إنتباه!
¡Descanso!	istariḥ!	إسترح!
hazaña (f)	maʾθara (f)	مأثرة
juramento (m)	qasam (m)	قسم
jurar (vt)	aqsam	أقسم
condecoración (f)	wisām (m)	وسام
condecorar (vt)	manaḥ	منح
medalla (f)	midāliyya (f)	ميداليّة
orden (m) (~ de Merito)	wisām ʿaskariy (m)	وسام عسكريّ
victoria (f)	intiṣār - fawz (m)	إنتصار, فوز
derrota (f)	hazīma (f)	هزيمة
armisticio (m)	hudna (f)	هدنة
bandera (f)	rāyat al maʿraka (f)	راية المعركة
gloria (f)	maʒd (m)	مجد
desfile (m) militar	istiʿrāḍ ʿaskariy (m)	إستعراض عسكريّ
marchar (desfilar)	sār	سار

114. Las armas

arma (f)	asliḥa (pl)	أسلحة
arma (f) de fuego	asliḥa nāriyya (pl)	أسلحة ناريّة
arma (f) blanca	asliḥa bayḍāʾ (pl)	أسلحة بيضاء
arma (f) química	asliḥa kīmyāʾiyya (pl)	أسلحة كيميائيّة
nuclear (adj)	nawawiy	نوويّ
arma (f) nuclear	asliḥa nawawiyya (pl)	أسلحة نوويّة
bomba (f)	qumbula (f)	قنبلة

bomba (f) atómica	qumbula nawawiyya (f)	قنبلة نوويّة
pistola (f)	musaddas (m)	مسدّس
fusil (m)	bunduqiyya (f)	بندقيّة
metralleta (f)	bunduqiyya huʒūmiyya (f)	بندقيّة هجوميّة
ametralladora (f)	raʃʃāʃ (m)	رشّاش
boca (f)	fūha (f)	فوهة
cañón (m) (del arma)	sabṭāna (f)	سبطانة
calibre (m)	ʿiyār (m)	عيار
gatillo (m)	zinād (m)	زناد
alza (f)	muṣawwib (m)	مصوّب
cargador (m)	maxzan (m)	مخزن
culata (f)	ʿaqab al bunduqiyya (m)	عقب البندقيّة
granada (f) de mano	qumbula yadawiyya (f)	قنبلة يدويّة
explosivo (m)	mawādd mutafaʒʒira (pl)	موادّ متفجّرة
bala (f)	ruṣāṣa (f)	رصاصة
cartucho (m)	xarṭūʃa (f)	خرطوشة
carga (f)	haʃwa (f)	حشوة
pertrechos (m pl)	ðaxāʾir (pl)	ذخائر
bombardero (m)	qāðifat qanābil (f)	قاذفة قنابل
avión (m) de caza	ṭāʾira muqātila (f)	طائرة مقاتلة
helicóptero (m)	hiliukūbtir (m)	هليكوبتر
antiaéreo (m)	madfaθ muḍādd liṭ ṭaʾirāṭ (m)	مدفع مضادّ للطائرات
tanque (m)	dabbāba (f)	دبّابة
cañón (m) (de un tanque)	madfaʿ ad dabbāba (m)	مدفع الدبّابة
artillería (f)	madfaʿiyya (f)	مدفعيّة
cañón (m) (arma)	madfaʿ (m)	مدفع
dirigir (un misil, etc.)	ṣawwab	صوّب
mortero (m)	hāwun (m)	هاون
bomba (f) de mortero	qumbula hāwun (f)	قنبلة هاون
obús (m)	qaðīfa (f)	قذيفة
trozo (m) de obús	ʃaziyya (f)	شظيّة
submarino (m)	ɣawwāṣa (f)	غوّاصة
torpedo (m)	ṭurbīd (m)	طوربيد
misil (m)	ṣārūx (m)	صاروخ
cargar (pistola)	haʃa	حشا
tirar (vi)	aṭlaq an nār	أطلق النار
apuntar a ...	ṣawwab	صوّب
bayoneta (f)	harba (f)	حربة
espada (f) (duelo a ~)	ʃīʃ (m)	شيش
sable (m)	sayf munhani (m)	سيف منحن
lanza (f)	rumh (m)	رمح
arco (m)	qaws (m)	قوس
flecha (f)	sahm (m)	سهم
mosquete (m)	muskīt (m)	مسكيت
ballesta (f)	qaws mustaʿraḍ (m)	قوس مستعرض

115. Los pueblos antiguos

primitivo (adj)	bidā'iy	بدائيّ
prehistórico (adj)	ma qabl at tarīx	ما قبل التاريخ
antiguo (adj)	qadīm	قديم
Edad (f) de Piedra	al 'aṣr al ḥaʒariy (m)	العصر الحجريّ
Edad (f) de Bronce	al 'aṣr al brunziy (m)	العصر البرونزيّ
Edad (f) de Hielo	al 'aṣr al ʒalīdiy (m)	العصر الجليديّ
tribu (f)	qabīla (f)	قبيلة
caníbal (m)	'ākil laḥm al baʃar (m)	آكل لحم البشر
cazador (m)	ṣayyād (m)	صيّاد
cazar (vi, vt)	iṣṭād	إصطاد
mamut (m)	mamūθ (m)	ماموث
caverna (f)	kahf (m)	كهف
fuego (m)	nār (f)	نار
hoguera (f)	nār muxayyam (m)	نار مخيّم
pintura (f) rupestre	rasm fil kahf (m)	رسم في الكهف
herramienta (f), útil (m)	adāt (f)	أداة
lanza (f)	rumḥ (m)	رمح
hacha (f) de piedra	fa's ḥaʒariy (m)	فأس حجريّ
estar en guerra	ḥārab	حارب
domesticar (vt)	daʒʒan	دجّن
ídolo (m)	ṣanam (m)	صنم
adorar (vt)	'abad	عبد
superstición (f)	xurāfa (f)	خرافة
rito (m)	mansak (m)	منسك
evolución (f)	taṭawwur (m)	تطوّر
desarrollo (m)	numuww (m)	نموّ
desaparición (f)	ixtifā' (m)	إختفاء
adaptarse (vr)	takayyaf	تكيّف
arqueología (f)	'ilm al 'āθār (m)	علم الآثار
arqueólogo (m)	'ālim 'āθār (m)	عالم آثار
arqueológico (adj)	aθariy	أثريّ
sitio (m) de excavación	mawqi' ḥafr (m)	موقع حفر
excavaciones (f pl)	tanqīb (m)	تنقيب
hallazgo (m)	iktiʃāf (m)	إكتشاف
fragmento (m)	qiṭ'a (f)	قطعة

116. La Edad Media

pueblo (m)	ʃa'b (m)	شعب
pueblos (m pl)	ʃu'ūb (pl)	شعوب
tribu (f)	qabīla (f)	قبيلة
tribus (f pl)	qabā'il (pl)	قبائل
bárbaros (m pl)	al barābira (pl)	البرابرة

galos (m pl)	al ɣalyūn (pl)	الغاليون
godos (m pl)	al qūṭiyyūn (pl)	القوطيّون
eslavos (m pl)	as silāf (pl)	السلاف
vikingos (m pl)	al vaykinɣ (pl)	الفايكينغ
romanos (m pl)	ar rūmān (pl)	الرومان
romano (adj)	rumāniy	رومانيّ
bizantinos (m pl)	bizanṭiyyūn (pl)	بيزنطيّون
Bizancio (m)	bīzanṭa (f)	بيزنطة
bizantino (adj)	bizanṭiy	بيزنطيّ
emperador (m)	imbiraṭūr (m)	إمبراطور
jefe (m)	zaʿīm (m)	زعيم
poderoso (adj)	qawiy	قويّ
rey (m)	malik (m)	ملك
gobernador (m)	ḥākim (m)	حاكم
caballero (m)	fāris (m)	فارس
señor (m) feudal	iqṭāʿiy (m)	إقطاعيّ
feudal (adj)	iqṭāʿiy	إقطاعيّ
vasallo (m)	muqṭaʿ (m)	مقطع
duque (m)	dūq (m)	دوق
conde (m)	īrl (m)	إيرل
barón (m)	barūn (m)	بارون
obispo (m)	usquf (m)	أسقف
armadura (f)	dirʿ (m)	درع
escudo (m)	turs (m)	ترس
espada (f) (danza de ~s)	sayf (m)	سيف
visera (f)	ḥāffa amāmiyya lil xūða (f)	حافة أماميّة للخوذة
cota (f) de malla	dirʿ az zarad (m)	درع الزرد
cruzada (f)	ḥamla ṣalībiyya (f)	حملة صليبيّة
cruzado (m)	ṣalībiy (m)	صليبيّ
territorio (m)	arḍ (f)	أرض
atacar (~ a un país)	haʒam	هجم
conquistar (vt)	fataḥ	فتح
ocupar (invadir)	iḥtall	إحتلّ
asedio (m), sitio (m)	ḥiṣār (m)	حصار
sitiado (adj)	muḥāṣar	محاصر
asediar, sitiar (vt)	ḥāṣar	حاصر
inquisición (f)	maḥākim at taftīʃ (pl)	محاكم التفتيش
inquisidor (m)	mufattiʃ (m)	مفتّش
tortura (f)	taʿðīb (m)	تعذيب
cruel (adj)	qās	قاس
hereje (m)	harṭūqiy (m)	هرطوقيّ
herejía (f)	harṭaqa (f)	هرطقة
navegación (f) marítima	as safar bil baḥr (m)	السفر بالبحر
pirata (m)	qurṣān (m)	قرصان
piratería (f)	qarṣana (f)	قرصنة

abordaje (m)	muhāǧmat safīna (f)	مهاجمة سفينة
botín (m)	ɣanīma (f)	غنيمة
tesoros (m pl)	kunūz (pl)	كنوز
descubrimiento (m)	iktiʃāf (m)	إكتشاف
descubrir (tierras nuevas)	iktaʃaf	إكتشف
expedición (f)	baʻθa (f)	بعثة
mosquetero (m)	fāris (m)	فارس
cardenal (m)	kardināl (m)	كاردينال
heráldica (f)	ʃiʻārāt an nabāla (pl)	شعارات النبالة
heráldico (adj)	χāṣṣ bi ʃiʻārāt an nabāla	خاصّ بشعارات النبالة

117. El líder. El jefe. Las autoridades

rey (m)	malik (m)	ملك
reina (f)	malika (f)	ملكة
real (adj)	malakiy	ملكيّ
reino (m)	mamlaka (f)	مملكة
príncipe (m)	amīr (m)	أمير
princesa (f)	amīra (f)	أميرة
presidente (m)	raʼīs (m)	رئيس
vicepresidente (m)	nāʼib ar raʼīs (m)	نائب الرئيس
senador (m)	ʻuḍw maǧlis aʃ ʃuyūχ (m)	عضو مجلس الشيوخ
monarca (m)	ʻāhil (m)	عاهل
gobernador (m)	ḥākim (m)	حاكم
dictador (m)	diktatūr (m)	ديكتاتور
tirano (m)	ṭāɣiya (f)	طاغية
magnate (m)	raʼsmāliy kabīr (m)	رأسمالي كبير
director (m)	mudīr (m)	مدير
jefe (m)	raʼīs (m)	رئيس
gerente (m)	mudīr (m)	مدير
amo (m)	raʼīs (m), mudīr (m)	رئيس, مدير
dueño (m)	ṣāḥib (m)	صاحب
jefe (m), líder (m)	zaʻīm (m)	زعيم
jefe (m) (~ de delegación)	raʼīs (m)	رئيس
autoridades (f pl)	suluṭāt (pl)	سلطات
superiores (m pl)	ruʼasāʼ (pl)	رؤساء
gobernador (m)	muḥāfiẓ (m)	محافظ
cónsul (m)	qunṣul (m)	قنصل
diplomático (m)	diblumāsiy (m)	دبلوماسيّ
alcalde (m)	raʼīs al baladiyya (m)	رئيس البلديّة
sheriff (m)	ʃarīf (m)	شريف
emperador (m)	imbiraṭūr (m)	إمبراطور
zar (m)	qayṣar (m)	قيصر
faraón (m)	firʻawn (m)	فرعون
jan (m), kan (m)	χān (m)	خان

118. Violar la ley. Los criminales. Unidad 1

Español	Transliteración	Árabe
bandido (m)	qāṭiʻ ṭarīq (m)	قاطع طريق
crimen (m)	ʒarīma (f)	جريمة
criminal (m)	muʒrim (m)	مجرم
ladrón (m)	sāriq (m)	سارق
robar (vt)	saraq	سرق
robo (m)	sirqa (f)	سرقة
secuestrar (vt)	χaṭaf	خطف
secuestro (m)	χaṭf (m)	خطف
secuestrador (m)	χāṭif (m)	خاطف
rescate (m)	fidya (f)	فدية
exigir un rescate	ṭalab fidya	طلب فدية
robar (vt)	nahab	نهب
robo (m)	nahb (m)	نهب
atracador (m)	nahhāb (m)	نهّاب
extorsionar (vt)	balṭaʒ	بلطج
extorsionista (m)	balṭaʒiy (m)	بلطجي
extorsión (f)	balṭaʒa (f)	بلطجة
matar, asesinar (vt)	qatal	قتل
asesinato (m)	qatl (m)	قتل
asesino (m)	qātil (m)	قاتل
tiro (m), disparo (m)	ṭalaqat nār (f)	طلقة نار
disparar (vi)	aṭlaq an nār	أطلق النار
matar (a tiros)	qatal bir ruṣāṣ	قتل بالرصاص
tirar (vi)	aṭlaq an nār	أطلق النار
tiroteo (m)	iṭlāq an nār (m)	إطلاق النار
incidente (m)	ḥādiθ (m)	حادث
pelea (f)	ʻirāk (m)	عراك
¡Socorro!	sāʻidni	ساعدني!
víctima (f)	ḍaḥiyya (f)	ضحيّة
perjudicar (vt)	atlaf	أتلف
daño (m)	χasāra (f)	خسارة
cadáver (m)	ʒuθθa (f)	جثّة
grave (un delito ~)	ʻanīf	عنيف
atacar (vt)	haʒam	هجم
pegar (golpear)	ḍarab	ضرب
apporear (vt)	ḍarab	ضرب
quitar (robar)	salab	سلب
acuchillar (vt)	ṭaʻan ḥatta al mawt	طعن حتّى الموت
mutilar (vt)	ʃawwah	شوّه
herir (vt)	ʒaraḥ	جرح
chantaje (m)	balṭaʒa (f)	بلطجة
hacer chantaje	ibtazz	إبتزّ

chantajista (m)	mubtazz (m)	مبتزّ
extorsión (f)	naṣb (m)	نصب
extorsionador (m)	naṣṣāb (m)	نصّاب
gángster (m)	raʒul 'iṣāba (m)	رجل عصابة
mafia (f)	māfia (f)	مافيا
carterista (m)	naʃʃāl (m)	نشّال
ladrón (m) de viviendas	liṣṣ buyūt (m)	لصّ بيوت
contrabandismo (m)	tahrīb (m)	تهريب
contrabandista (m)	muharrib (m)	مهرّب
falsificación (f)	tazwīr (m)	تزوير
falsificar (vt)	zawwar	زوّر
falso (falsificado)	muzawwar	مزوّر

119. Violar la ley. Los criminales. Unidad 2

violación (f)	iχtiṣāb (m)	إغتصاب
violar (vt)	iχtaṣab	إغتصب
violador (m)	muχtaṣib (m)	مغتصب
maniaco (m)	mahwūs (m)	مهووس
prostituta (f)	'āhira (f)	عاهرة
prostitución (f)	da'āra (f)	دعارة
chulo (m), proxeneta (m)	qawwād (m)	قوّاد
drogadicto (m)	mudmin muχaddirāt (m)	مدمن مخدّرات
narcotraficante (m)	tāʒir muχaddirāt (m)	تاجر مخدّرات
hacer explotar	faʒʒar	فجّر
explosión (f)	infiʒār (m)	إنفجار
incendiar (vt)	aʃ'al an nār	أشعل النار
incendiario (m)	muʃ'il ḥarīq (m)	مشعل حريق
terrorismo (m)	irhāb (m)	إرهاب
terrorista (m)	irhābiy (m)	إرهابيّ
rehén (m)	rahīna (m)	رهينة
estafar (vt)	iḥtāl	إحتال
estafa (f)	iḥtiyāl (m)	إحتيال
estafador (m)	muḥtāl (m)	محتال
sobornar (vt)	raʃa	رشا
soborno (m) (delito)	irtiʃā' (m)	إرتشاء
soborno (m) (dinero, etc.)	raʃwa (f)	رشوة
veneno (m)	samm (m)	سمّ
envenenar (vt)	sammam	سمّم
envenenarse (vr)	sammam nafsahu	سمّم نفسه
suicidio (m)	intiḥār (m)	إنتحار
suicida (m, f)	muntaḥir (m)	منتحر
amenazar (vt)	haddad	هدّد
amenaza (f)	tahdīd (m)	تهديد

atentar (vi)	ḥāwal iɣtiyāl	حاول الإغتيال
atentado (m)	muḥāwalat iɣtiyāl (f)	محاولة إغتيال
robar (un coche)	saraq	سرق
secuestrar (un avión)	iχtaṭaf	إختطف
venganza (f)	intiqām (m)	إنتقام
vengar (vt)	intaqam	إنتقم
torturar (vt)	'aððab	عذّب
tortura (f)	ta'ðīb (m)	تعذيب
atormentar (vt)	'aððab	عذّب
pirata (m)	qurṣān (m)	قرصان
gamberro (m)	wabaʃ (m)	وبش
armado (adj)	musallaḥ	مسلّح
violencia (f)	'unf (m)	عنف
ilegal (adj)	ɣayr qānūniy	غير قانونيّ
espionaje (m)	taʒassas (m)	تجسّس
espiar (vi, vt)	taʒassas	تجسّس

120. La policía. La ley. Unidad 1

justicia (f)	qaḍā' (m)	قضاء
tribunal (m)	maḥkama (f)	محكمة
juez (m)	qāḍi (m)	قاضٍ
jurados (m pl)	muḥallafūn (pl)	محلّفون
tribunal (m) de jurados	qaḍā' al muḥallafīn (m)	قضاء المحلّفين
juzgar (vt)	ḥakam	حكم
abogado (m)	muḥāmi (m)	محامٍ
acusado (m)	mudda'a 'alayh (m)	مدّعى عليه
banquillo (m) de los acusados	qafṣ al ittihām (m)	قفص الإتّهام
inculpación (f)	ittihām (m)	إتّهام
inculpado (m)	muttaham (m)	متّهم
sentencia (f)	ḥukm (m)	حكم
sentenciar (vt)	ḥakam	حكم
culpable (m)	muðnib (m)	مذنب
castigar (vt)	'āqab	عاقب
castigo (m)	'uqūba (f), 'iqāb (m)	عقوبة، عقاب
multa (f)	ɣarāma (f)	غرامة
cadena (f) perpetua	siʒn mada al ḥayāt (m)	سجن مدى الحياة
pena (f) de muerte	'uqūbat 'i'dām (f)	عقوبة إعدام
silla (f) eléctrica	kursiy kaharabā'iy (m)	كرسيّ كهربائيّ
horca (f)	maʃnaqa (f)	مشنقة
ejecutar (vt)	a'dam	أعدم
ejecución (f)	i'dām (m)	إعدام

prisión (f)	siʒn (m)	سجن
celda (f)	zinzāna (f)	زنزانة
escolta (f)	ḥirāsa (f)	حراسة
guardia (m) de prisiones	ḥāris siʒn (m)	حارس سجن
prisionero (m)	saʒīn (m)	سجين
esposas (f pl)	asfād (pl)	أصفاد
esposar (vt)	ṣaffad	صفّد
escape (m)	hurūb min as siʒn (m)	هروب من السجن
escaparse (vr)	harab	هرب
desaparecer (vi)	iχtafa	إختفى
liberar (vt)	aχla sabīl	أخلى سبيل
amnistía (f)	'afw 'āmm (m)	عفو عامّ
policía (f) (~ nacional)	ʃurṭa (f)	شرطة
policía (m)	ʃurṭiy (m)	شرطيّ
comisaría (f) de policía	qism ʃurṭa (m)	قسم شرطة
porra (f)	hirāwat aʃ ʃurṭiy (f)	هراوة الشرطيّ
megáfono (m)	būq (m)	بوق
coche (m) patrulla	sayyārat dawriyyāt (f)	سيّارة دوريّات
sirena (f)	ṣaffārat inðār (f)	صفّارة إنذار
poner la sirena	aṭlaq sirīna	أطلق سرينة
sonido (m) de sirena	ṣawt sirīna (m)	صوت سرينة
escena (f) del delito	masraḥ al ʒarīma (m)	مسرح الجريمة
testigo (m)	ʃāhid (m)	شاهد
libertad (f)	ḥurriyya (f)	حرّيّة
cómplice (m)	ʃarīk fil ʒarīma (m)	شريك في الجريمة
escapar de …	harab	هرب
rastro (m)	aθar (m)	أثر

121. La policía. La ley. Unidad 2

búsqueda (f)	baḥθ (m)	بحث
buscar (~ el criminal)	baḥaθ	بحث
sospecha (f)	ʃubha (f)	شبهة
sospechoso (adj)	maʃbūh	مشبوه
parar (~ en la calle)	awqaf	أوقف
retener (vt)	i'taqal	إعتقل
causa (f) (~ penal)	qaḍiyya (f)	قضيّة
investigación (f)	taḥqīq (m)	تحقيق
detective (m)	muḥaqqiq (m)	محقّق
investigador (m)	mufattiʃ (m)	مفتّش
versión (f)	riwāya (f)	رواية
motivo (m)	dāfi' (m)	دافع
interrogatorio (m)	istiʒwāb (m)	إستجواب
interrogar (vt)	istaʒwab	إستجوب
interrogar (al testigo)	istanṭaq	إستنطق
control (m) (de vehículos, etc.)	faḥṣ (m)	فحص

redada (f)	ʒamʻ (m)	جمع
registro (m) (~ de la casa)	taftīʃ (m)	تفتيش
persecución (f)	muṭārada (f)	مطاردة
perseguir (vt)	ṭārad	طارد
rastrear (~ al criminal)	tābaʻ	تابع
arresto (m)	iʻtiqāl (m)	إعتقال
arrestar (vt)	iʻtaqal	إعتقل
capturar (vt)	qabaḍ	قبض
captura (f)	qabḍ (m)	قبض
documento (m)	waθīqa (f)	وثيقة
prueba (f)	dalīl (m)	دليل
probar (vt)	aθbat	أثبت
huella (f) (pisada)	baṣma (f)	بصمة
huellas (f pl) digitales	baṣamāt al aṣābiʻ (pl)	بصمات الأصابع
elemento (m) de prueba	dalīl (m)	دليل
coartada (f)	dafʻ bil ɣayba (f)	دفع بالغيبة
inocente (no culpable)	barīʼ	بريء
injusticia (f)	ẓulm (m)	ظلم
injusto (adj)	ɣayr ʻādil	غير عادل
criminal (adj)	iʒrāmiy	إجراميّ
confiscar (vt)	ṣādar	صادر
narcótico (m)	muxaddirāt (pl)	مخدّرات
arma (f)	silāḥ (m)	سلاح
desarmar (vt)	ʒarrad min as silāḥ	جرّد من السلاح
ordenar (vt)	amar	أمر
desaparecer (vi)	ixtafa	إختفى
ley (f)	qānūn (m)	قانون
legal (adj)	qānūniy, ʃarʻiy	قانونيّ شرعيّ
ilegal (adj)	ɣayr qanūny, ɣayr ʃarʻi	غير قانونيّ، غير شرعيّ
responsabilidad (f)	masʼūliyya (f)	مسؤولية
responsable (adj)	masʼūl (m)	مسؤول

LA NATURALEZA

La tierra. Unidad 1

122. El espacio

cosmos (m)	faḍā' (m)	فضاء
espacial, cósmico (adj)	faḍā'iy	فضائيٌ
espacio (m) cósmico	faḍā' (m)	فضاء
mundo (m)	'ālam (m)	عالم
universo (m)	al kawn (m)	الكون
galaxia (f)	al maʒarra (f)	المجرّة
estrella (f)	naʒm (m)	نجم
constelación (f)	burʒ (m)	برج
planeta (m)	kawkab (m)	كوكب
satélite (m)	qamar ṣinā'iy (m)	قمر صناعيّ
meteorito (m)	ḥaʒar nayzakiy (m)	حجر نيزكيّ
cometa (m)	muðannab (m)	مذنّب
asteroide (m)	kuwaykib (m)	كويكب
órbita (f)	madār (m)	مدار
girar (vi)	dār	دار
atmósfera (f)	al ɣilāf al ʒawwiy (m)	الغلاف الجوّيّ
Sol (m)	aʃ ʃams (f)	الشمس
sistema (m) solar	al maʒmū'a aʃ ʃamsiyya (f)	المجموعة الشمسيّة
eclipse (m) de Sol	kusūf aʃ ʃams (m)	كسوف الشمس
Tierra (f)	al arḍ (f)	الأرض
Luna (f)	al qamar (m)	القمر
Marte (m)	al mirrīx (m)	المرّيخ
Venus (f)	az zahra (f)	الزهرة
Júpiter (m)	al muʃtari (m)	المشتري
Saturno (m)	zuḥal (m)	زحل
Mercurio (m)	'aṭārid (m)	عطارد
Urano (m)	urānus (m)	اورانوس
Neptuno (m)	nibtūn (m)	نبتون
Plutón (m)	blūtu (m)	بلوتو
la Vía Láctea	darb at tabbāna (m)	درب التبّانة
la Osa Mayor	ad dubb al akbar (m)	الدبّ الأكبر
la Estrella Polar	naʒm al 'quṭb (m)	نجم القطب
marciano (m)	sākin al mirrīx (m)	ساكن المرّيخ
extraterrestre (m)	faḍā'iy (m)	فضائيّ

| planetícola (m) | faḍā'iy (m) | فضائيّ |
| platillo (m) volante | ṭabaq ṭā'ir (m) | طبق طائر |

nave (f) espacial	markaba faḍā'iyya (f)	مركبة فضائيّة
estación (f) orbital	maḥaṭṭat faḍā' (f)	محطّة فضاء
despegue (m)	inṭilāq (m)	إنطلاق

motor (m)	mutūr (m)	موتور
tobera (f)	manfaθ (m)	منفث
combustible (m)	wuqūd (m)	وقود

carlinga (f)	kabīna (f)	كابينة
antena (f)	hawā'iy (m)	هوائيّ
ventana (f)	kuwwa mustadīra (f)	كوّة مستديرة
batería (f) solar	lawḥ ʃamsiy (m)	لوح شمسيّ
escafandra (f)	baðlat al faḍā' (f)	بذلة الفضاء

| ingravidez (f) | in'idām al wazn (m) | إنعدام الوزن |
| oxígeno (m) | uksiʒīn (m) | أكسجين |

| atraque (m) | rasw (m) | رسو |
| realizar el atraque | rasa | رسا |

observatorio (m)	marṣad (m)	مرصد
telescopio (m)	tiliskūp (m)	تلسكوب
observar (vt)	rāqab	راقب
explorar (~ el universo)	istakʃaf	إستكشف

123. La tierra

Tierra (f)	al arḍ (f)	الأرض
globo (m) terrestre	al kura al arḍiyya (f)	الكرة الأرضيّة
planeta (m)	kawkab (m)	كوكب

atmósfera (f)	al ɣilāf al ʒawwiy (m)	الغلاف الجوّيّ
geografía (f)	ʒuɣrāfiya (f)	جغرافيا
naturaleza (f)	ṭabī'a (f)	طبيعة

globo (m) terráqueo	namūðaʒ lil kura al arḍiyya (m)	نموذج للكرة الأرضيّة
mapa (m)	xarīṭa (f)	خريطة
atlas (m)	aṭlas (m)	أطلس

| Europa (f) | urūbba (f) | أوروبّا |
| Asia (f) | 'āsiya (f) | آسيا |

| África (f) | afrīqiya (f) | أفريقيا |
| Australia (f) | usturāliya (f) | أستراليا |

América (f)	amrīka (f)	أمريكا
América (f) del Norte	amrīka aʃ ʃimāliyya (f)	أمريكا الشماليّة
América (f) del Sur	amrīka al ʒanūbiyya (f)	أمريكا الجنوبيّة

| Antártida (f) | al quṭb al ʒanūbiy (m) | القطب الجنوبيّ |
| Ártico (m) | al quṭb aʃ ʃimāliy (m) | القطب الشماليّ |

124. Los puntos cardinales

norte (m)	ʃimāl (m)	شمال
al norte	ilaʃ ʃimāl	إلى الشمال
en el norte	fiʃ ʃimāl	في الشمال
del norte (adj)	ʃimāliy	شماليّ
sur (m)	ӡanūb (m)	جنوب
al sur	ilal ӡanūb	إلى الجنوب
en el sur	fil ӡanūb	في الجنوب
del sur (adj)	ӡanūbiy	جنوبيّ
oeste (m)	γarb (m)	غرب
al oeste	ilal γarb	إلى الغرب
en el oeste	fil γarb	في الغرب
del oeste (adj)	γarbiy	غربيّ
este (m)	ʃarq (m)	شرق
al este	ilaʃ ʃarq	إلى الشرق
en el este	fiʃ ʃarq	في الشرق
del este (adj)	ʃarqiy	شرقيّ

125. El mar. El océano

mar (m)	baḥr (m)	بحر
océano (m)	muḥīṭ (m)	محيط
golfo (m)	ẋalīӡ (m)	خليج
estrecho (m)	maḍīq (m)	مضيق
tierra (f) firme	barr (m)	برّ
continente (m)	qārra (f)	قارّة
isla (f)	ӡazīra (f)	جزيرة
península (f)	ʃibh ӡazīra (f)	شبه جزيرة
archipiélago (m)	maӡmūʿat ӡuzur (f)	مجموعة جزر
bahía (f)	ẋalīӡ (m)	خليج
ensenada, bahía (f)	mīnā' (m)	ميناء
laguna (f)	buḥayra ʃāṭi'a (f)	بحيرة شاطئة
cabo (m)	ra's (m)	رأس
atolón (m)	ӡazīra marӡāniyya istiwā'iyya (f)	جزيرة مرجانيّة إستوائيّة
arrecife (m)	ʃiʿāb (pl)	شعاب
coral (m)	murӡān (m)	مرجان
arrecife (m) de coral	ʃiʿāb marӡāniyya (pl)	شعاب مرجانيّة
profundo (adj)	ʿamīq	عميق
profundidad (f)	ʿumq (m)	عمق
abismo (m)	mahwāt (f)	مهواة
fosa (f) oceánica	ẋandaq (m)	خندق
corriente (f)	tayyār (m)	تيّار
bañar (rodear)	aḥāṭ	أحاط

orilla (f)	sāḥil (m)	ساحل
costa (f)	sāḥil (m)	ساحل
flujo (m)	madd (m)	مدّ
reflujo (m)	ʒazr (m)	جزر
banco (m) de arena	miyāh ḍaḥla (f)	مياه ضحلة
fondo (m)	qāʻ (m)	قاع
ola (f)	mawʒa (f)	موجة
cresta (f) de la ola	qimmat mawʒa (f)	قمّة موجة
espuma (f)	zabad al baḥr (m)	زبد البحر
tempestad (f)	ʻāṣifa (f)	عاصفة
huracán (m)	iʻṣār (m)	إعصار
tsunami (m)	tsunāmi (m)	تسونامي
bonanza (f)	hudūʼ (m)	هدوء
calmo, tranquilo	hādiʼ	هادئ
polo (m)	quṭb (m)	قطب
polar (adj)	quṭby	قطبيّ
latitud (f)	ʻarḍ (m)	عرض
longitud (f)	ṭūl (m)	طول
paralelo (m)	mutawāzi (m)	متواز
ecuador (m)	χaṭṭ al istiwāʼ (m)	خط الإستواء
cielo (m)	samāʼ (f)	سماء
horizonte (m)	ufuq (m)	أفق
aire (m)	hawāʼ (m)	هواء
faro (m)	manāra (f)	منارة
bucear (vi)	ɣāṣ	غاص
hundirse (vr)	ɣariq	غرق
tesoros (m pl)	kunūz (pl)	كنوز

126. Los nombres de los mares y los océanos

océano (m) Atlántico	al muḥīṭ al aṭlasiy (m)	المحيط الأطلسيّ
océano (m) Índico	al muḥīṭ al hindiy (m)	المحيط الهنديّ
océano (m) Pacífico	al muḥīṭ al hādiʼ (m)	المحيط الهادئ
océano (m) Glacial Ártico	al muḥīṭ il mutaʒammid aʃ ʃimāliy (m)	المحيط المتجمّد الشماليّ
mar (m) Negro	al baḥr al aswad (m)	البحر الأسود
mar (m) Rojo	al baḥr al aḥmar (m)	البحر الأحمر
mar (m) Amarillo	al baḥr al aṣfar (m)	البحر الأصفر
mar (m) Blanco	al baḥr al abyaḍ (m)	البحر الأبيض
mar (m) Caspio	baḥr qazwīn (m)	بحر قزوين
mar (m) Muerto	al baḥr al mayyit (m)	البحر الميّت
mar (m) Mediterráneo	al baḥr al abyaḍ al mutawassiṭ (m)	البحر الأبيض المتوسّط
mar (m) Egeo	baḥr īʒah (m)	بحر إيجة
mar (m) Adriático	al baḥr al adriyatīkiy (m)	البحر الأدرياتيكيّ

mar (m) Arábigo	baḥr al ʿarab (m)	بحر العرب
mar (m) del Japón	baḥr al yabān (m)	بحر اليابان
mar (m) de Bering	baḥr birinʒ (m)	بحر بيرينغ
mar (m) de la China Meridional	baḥr aṣ ṣīn al ʒanūbiy (m)	بحر الصين الجنوبيّ
mar (m) del Coral	baḥr al marʒān (m)	بحر المرجان
mar (m) de Tasmania	baḥr tasmān (m)	بحر تسمان
mar (m) Caribe	al baḥr al karībiy (m)	البحر الكاريبيّ
mar (m) de Barents	baḥr barints (m)	بحر بارينس
mar (m) de Kara	baḥr kara (m)	بحر كارا
mar (m) del Norte	baḥr aʃ ʃimāl (m)	بحر الشمال
mar (m) Báltico	al baḥr al balṭīq (m)	البحر البلطيق
mar (m) de Noruega	baḥr an narwīʒ (m)	بحر النرويج

127. Las montañas

montaña (f)	ʒabal (m)	جبل
cadena (f) de montañas	silsilat ʒibāl (f)	سلسلة جبال
cresta (f) de montañas	qimam ʒabaliyya (pl)	قمم جبليّة
cima (f)	qimma (f)	قمّة
pico (m)	qimma (f)	قمّة
pie (m)	asfal (m)	أسفل
cuesta (f)	munḥadar (m)	منحدر
volcán (m)	burkān (m)	بركان
volcán (m) activo	burkān naʃiṭ (m)	بركان نشط
volcán (m) apagado	burkān xāmid (m)	بركان خامد
erupción (f)	θawrān (m)	ثوران
cráter (m)	fūhat al burkān (f)	فوهة البركان
magma (m)	māyma (f)	ماغما
lava (f)	ḥumam burkāniyya (pl)	حمم بركانيّة
fundido (lava ~a)	munṣahira	منصهرة
cañón (m)	talʿa (m)	تلعة
desfiladero (m)	wādi ḍayyiq (m)	واد ضيّق
grieta (f)	ʃaqq (m)	شقّ
precipicio (m)	hāwiya (f)	هاوية
puerto (m) (paso)	mamarr ʒabaliy (m)	ممرّ جبليّ
meseta (f)	haḍba (f)	هضبة
roca (f)	ʒurf (m)	جرف
colina (f)	tall (m)	تلّ
glaciar (m)	nahr ʒalīdiy (m)	نهر جليديّ
cascada (f)	ʃallāl (m)	شلّال
geiser (m)	fawwāra ḥārra (f)	فوّارة حارّة
lago (m)	buḥayra (f)	بحيرة
llanura (f)	sahl (m)	سهل
paisaje (m)	manẓar ṭabīʿiy (m)	منظر طبيعيّ

eco (m)	ṣada (m)	صدى
alpinista (m)	mutasalliq al ʒibāl (m)	متسلّق الجبال
escalador (m)	mutasalliq ṣuxūr (m)	متسلّق صخور
conquistar (vt)	taɣallab ʻala	تغلّب على
ascensión (f)	tasalluq (m)	تسلّق

128. Los nombres de las montañas

Alpes (m pl)	ʒibāl al alb (pl)	جبال الألب
Montblanc (m)	mūn blūn (m)	مون بلون
Pirineos (m pl)	ʒibāl al barānis (pl)	جبال البرانس
Cárpatos (m pl)	ʒibāl al karbāt (pl)	جبال الكاربات
Urales (m pl)	ʒibāl al ʼūrāl (pl)	جبال الأورال
Cáucaso (m)	ʒibāl al qawqāz (pl)	جبال القوقاز
Elbrus (m)	ʒabal ilbrūs (m)	جبل إلبروس
Altai (m)	ʒibāl altāy (pl)	جبال ألتاي
Tian-Shan (m)	ʒibāl tian ʃan (pl)	جبال تيان شان
Pamir (m)	ʒibāl bamīr (pl)	جبال بامير
Himalayos (m pl)	himalāya (pl)	هيمالايا
Everest (m)	ʒabal ivirist (m)	جبل افرست
Andes (m pl)	ʒibāl al andīz (pl)	جبال الأنديز
Kilimanjaro (m)	ʒabal kilimanʒāru (m)	جبل كليمنجارو

129. Los ríos

río (m)	nahr (m)	نهر
manantial (m)	ʻayn (m)	عين
lecho (m) (curso de agua)	maʒra an nahr (m)	مجرى النهر
cuenca (f) fluvial	ḥawḍ (m)	حوض
desembocar en …	ṣabb fi …	صبّ في...
afluente (m)	rāfid (m)	رافد
ribera (f)	ḍiffa (f)	ضفة
corriente (f)	tayyār (m)	تيّار
río abajo (adv)	f ittiʒāh maʒra an nahr	في إتجاه مجرى النهر
río arriba (adv)	ḍidd at tayyār	ضد التيّار
inundación (f)	ɣamr (m)	غمر
riada (f)	fayaḍān (m)	فيضان
desbordarse (vr)	fāḍ	فاض
inundar (vt)	ɣamar	غمر
bajo (m) arenoso	miyāh ḍaḥla (f)	مياه ضحلة
rápido (m)	munḥadar an nahr (m)	منحدر النهر
presa (f)	sadd (m)	سدّ
canal (m)	qanāt (f)	قناة
lago (m) artificiale	xazzān māʼiy (m)	خزّان مائيّ

Español	Transliteración	Árabe
esclusa (f)	hawīs (m)	هويس
cuerpo (m) de agua	masṭaḥ mā'iy (m)	مسطح مائيّ
pantano (m)	mustanqa' (m)	مستنقع
ciénaga (f)	mustanqa' (m)	مستنقع
remolino (m)	dawwāma (f)	دوّامة
arroyo (m)	ʒadwal mā'iy (m)	جدول مائيّ
potable (adj)	aʃʃurb	الشرب
dulce (agua ~)	'aðb	عذب
hielo (m)	ʒalīd (m)	جليد
helarse (el lago, etc.)	taʒammad	تجمّد

130. Los nombres de los ríos

Español	Transliteración	Árabe
Sena (m)	nahr as sīn (m)	نهر السين
Loira (m)	nahr al lua:r (m)	نهر اللوار
Támesis (m)	nahr at tīmz (m)	نهر التيمز
Rin (m)	nahr ar rayn (m)	نهر الراين
Danubio (m)	nahr ad danūb (m)	نهر الدانوب
Volga (m)	nahr al vulɣa (m)	نهر الفولغا
Don (m)	nahr ad dūn (m)	نهر الدون
Lena (m)	nahr līna (m)	نهر لينا
Río (m) Amarillo	an nahr al aṣfar (m)	النهر الأصفر
Río (m) Azul	nahr al yanɣtsi (m)	نهر اليانغتسي
Mekong (m)	nahr al mikunɣ (m)	نهر الميكونغ
Ganges (m)	nahr al ɣānʒ (m)	نهر الغانج
Nilo (m)	nahr an nīl (m)	نهر النيل
Congo (m)	nahr al kunɣu (m)	نهر الكونغو
Okavango (m)	nahr ukavanʒu (m)	نهر اوكافانجو
Zambeze (m)	nahr az zambizi (m)	نهر الزمبيزي
Limpopo (m)	nahr limbubu (m)	نهر ليمبوبو
Misisipi (m)	nahr al mississibbi (m)	نهر الميسيسيبي

131. El bosque

Español	Transliteración	Árabe
bosque (m)	ɣāba (f)	غابة
de bosque (adj)	ɣāba	غابة
espesura (f)	ɣāba kaθīfa (f)	غابة كثيفة
bosquecillo (m)	ɣāba ṣaɣīra (f)	غابة صغيرة
claro (m)	minṭaqa uzīlat minha al aʃʒār (f)	منطقة أزيلت منها الأشجار
maleza (f)	aʒama (f)	أجمة
matorral (m)	ʃuʒayrāt (pl)	شجيرات
senda (f)	mamarr (m)	ممرّ
barranco (m)	wādi ḍayyiq (m)	واد ضيّق

árbol (m)	ʃaӡara (f)	شجرة
hoja (f)	waraqa (f)	ورقة
follaje (m)	waraq (m)	ورق
caída (f) de hojas	tasāquṭ al awrāq (m)	تساقط الأوراق
caer (las hojas)	saqaṭ	سقط
cima (f)	ra's (m)	رأس
rama (f)	ɣuṣn (m)	غصن
rama (f) (gruesa)	ɣuṣn (m)	غصن
brote (m)	burʿum (m)	برعم
aguja (f)	ʃawka (f)	شوكة
piña (f)	kūz aṣ ṣanawbar (m)	كوز الصنوبر
agujero (m)	ӡawf (m)	جوف
nido (m)	ʿuʃʃ (m)	عشّ
tronco (m)	ӡiðʿ (m)	جذع
raíz (f)	ӡiðr (m)	جذر
corteza (f)	lihā' (m)	لحاء
musgo (m)	ṭuḥlub (m)	طحلب
extirpar (vt)	iqtalaʿ	إقتلع
talar (vt)	qaṭaʿ	قطع
deforestar (vt)	azāl al ɣābāt	أزال الغابات
tocón (m)	ӡiðʿ aʃ ʃaӡara (m)	جذع الشجرة
hoguera (f)	nār muxayyam (m)	نار مخيّم
incendio (m) forestal	ḥarīq ɣāba (m)	حريق غابة
apagar (~ el incendio)	aṭfa'	أطفأ
guarda (m) forestal	ḥāris al ɣāba (m)	حارس الغابة
protección (f)	ḥimāya (f)	حماية
proteger (vt)	ḥama	حمى
cazador (m) furtivo	sāriq aṣ ṣayd (m)	سارق الصيد
cepo (m)	maṣyada (f)	مصيدة
recoger (setas, bayas)	ӡamaʿ	جمع
perderse (vr)	tāh	تاه

132. Los recursos naturales

recursos (m pl) naturales	θarawāt ṭabīʿiyya (pl)	ثروات طبيعيّة
recursos (m pl) subterráneos	maʿādin (pl)	معادن
depósitos (m pl)	makāmin (pl)	مكامن
yacimiento (m)	ḥaql (m)	حقل
extraer (vt)	istaxraӡ	إستخرج
extracción (f)	istixrāӡ (m)	إستخراج
mena (f)	xām (m)	خام
mina (f)	manӡam (m)	منجم
pozo (m) de mina	manӡam (m)	منجم
minero (m)	ʿāmil manӡam (m)	عامل منجم
gas (m)	ɣāz (m)	غاز

gasoducto (m)	ḵaṭṭ anābīb ɣāz (m)	خط أنابيب غاز
petróleo (m)	nafṭ (m)	نفط
oleoducto (m)	anābīb an nafṭ (pl)	أنابيب النفط
pozo (m) de petróleo	bi'r an nafṭ (m)	بئر النفط
torre (f) de sondeo	ḥaffāra (f)	حفّارة
petrolero (m)	nāqilat an nafṭ (f)	ناقلة النفط
arena (f)	raml (m)	رمل
caliza (f)	ḥaʒar kalsiy (m)	حجر كلسيّ
grava (f)	ḥaṣa (m)	حصى
turba (f)	ḵaθθ faḥm nabātiy (m)	خثّ فحم نباتيّ
arcilla (f)	ṭīn (m)	طين
carbón (m)	faḥm (m)	فحم
hierro (m)	ḥadīd (m)	حديد
oro (m)	ðahab (m)	ذهب
plata (f)	fiḍḍa (f)	فضّة
níquel (m)	nikil (m)	نيكل
cobre (m)	nuḥās (m)	نحاس
zinc (m)	zink (m)	زنك
manganeso (m)	manɣanīz (m)	منغنيز
mercurio (m)	zi'baq (m)	زئبق
plomo (m)	ruṣāṣ (m)	رصاص
mineral (m)	maʿdan (m)	معدن
cristal (m)	ballūra (f)	بلّورة
mármol (m)	ruḵām (m)	رخام
uranio (m)	yurānuim (m)	يورانيوم

La tierra. Unidad 2

133. El tiempo

tiempo (m)	ṭaqs (m)	طقس
previsión (f) del tiempo	naʃra ʒawwiyya (f)	نشرة جوّية
temperatura (f)	ḥarāra (f)	حرارة
termómetro (m)	tirmūmitr (m)	ترمومتر
barómetro (m)	barūmitr (m)	بارومتر
húmedo (adj)	raṭib	رطب
humedad (f)	ruṭūba (f)	رطوبة
bochorno (m)	ḥarāra (f)	حرارة
tórrido (adj)	ḥārr	حارّ
hace mucho calor	al ʒaww ḥārr	الجوّ حارّ
hace calor (templado)	al ʒaww dāfi'	الجوّ دافئ
templado (adj)	dāfi'	دافئ
hace frío	al ʒaww bārid	الجوّ بارد
frío (adj)	bārid	بارد
sol (m)	ʃams (f)	شمس
brillar (vi)	aḍā'	أضاء
soleado (un día ~)	muʃmis	مشمس
elevarse (el sol)	ʃaraq	شرق
ponerse (vr)	ɣarab	غرب
nube (f)	saḥāba (f)	سحابة
nuboso (adj)	ɣā'im	غائم
nubarrón (m)	saḥābat maṭar (f)	سحابة مطر
nublado (adj)	ɣā'im	غائم
lluvia (f)	maṭar (m)	مطر
está lloviendo	innaha tamṭur	إنّها تمطر
lluvioso (adj)	mumṭir	ممطر
lloviznar (vi)	raðð	رذّ
aguacero (m)	maṭar munhamir (f)	مطر منهمر
chaparrón (m)	maṭar ɣazīr (m)	مطر غزير
fuerte (la lluvia ~)	ʃadīd	شديد
charco (m)	birka (f)	بركة
mojarse (vr)	ibtall	إبتلّ
niebla (f)	ḍabāb (m)	ضباب
nebuloso (adj)	muḍabbab	مضبّب
nieve (f)	θalʒ (m)	ثلج
está nevando	innaha taθluʒ	إنّها تثلج

134. Los eventos climáticos severos. Los desastres naturales

tormenta (f)	'āṣifa ra'diyya (f)	عاصفة رعديّة
relámpago (m)	barq (m)	برق
relampaguear (vi)	baraq	برق
trueno (m)	ra'd (m)	رعد
tronar (vi)	ra'ad	رعد
está tronando	tar'ad as samā'	ترعد السماء
granizo (m)	maṭar bard (m)	مطر برد
está granizando	tamṭur as samā' bardan	تمطر السماء بردًا
inundar (vt)	ɣamar	غمر
inundación (f)	fayaḍān (m)	فيضان
terremoto (m)	zilzāl (m)	زلزال
sacudida (f)	hazza arḍiyya (f)	هزّة أرضيّة
epicentro (m)	markaz az zilzāl (m)	مركز الزلزال
erupción (f)	θawrān (m)	ثوران
lava (f)	ḥumam burkāniyya (pl)	حمم بركانيّة
torbellino (m), tornado (m)	i'ṣār (m)	إعصار
tifón (m)	ṭūfān (m)	طوفان
huracán (m)	i'ṣār (m)	إعصار
tempestad (f)	'āṣifa (f)	عاصفة
tsunami (m)	tsunāmi (m)	تسونامي
ciclón (m)	i'ṣār (m)	إعصار
mal tiempo (m)	ṭaqs sayyi' (m)	طقس سيّء
incendio (m)	ḥarīq (m)	حريق
catástrofe (f)	kāriθa (f)	كارثة
meteorito (m)	ḥaʒar nayzakiy (m)	حجر نيزكيّ
avalancha (f)	inhiyār θalʒiy (m)	إنهيار ثلجيّ
alud (m) de nieve	inhiyār θalʒiy (m)	إنهيار ثلجيّ
ventisca (f)	'āṣifa θalʒiyya (f)	عاصفة ثلجيّة
nevasca (f)	'āṣifa θalʒiyya (f)	عاصفة ثلجيّة

La fauna

135. Los mamíferos. Los predadores

carnívoro (m)	ḥayawān muftaris (m)	حيوان مفترس
tigre (m)	namir (m)	نمر
león (m)	asad (m)	أسد
lobo (m)	ði'b (m)	ذئب
zorro (m)	θaʻlab (m)	ثعلب
jaguar (m)	namir amrīkiy (m)	نمر أمريكيّ
leopardo (m)	fahd (m)	فهد
guepardo (m)	namir ṣayyād (m)	نمر صيّاد
pantera (f)	namir aswad (m)	نمر أسود
puma (f)	būma (m)	بوما
leopardo (m) de las nieves	namir aθ θulūʒ (m)	نمر الثلوج
lince (m)	waʃaq (m)	وشق
coyote (m)	qayūṭ (m)	قيوط
chacal (m)	ibn 'āwa (m)	ابن آوى
hiena (f)	ḍabuʻ (m)	ضبع

136. Los animales salvajes

animal (m)	ḥayawān (m)	حيوان
bestia (f)	ḥayawān (m)	حيوان
ardilla (f)	sinʒāb (m)	سنجاب
erizo (m)	qumfuð (m)	قنفذ
liebre (f)	arnab barriy (m)	أرنب برّيّ
conejo (m)	arnab (m)	أرنب
tejón (m)	ɣarīr (m)	غرير
mapache (m)	rākūn (m)	راكون
hámster (m)	qidād (m)	قداد
marmota (f)	marmuṭ (m)	مرموط
topo (m)	χuld (m)	خلد
ratón (m)	fa'r (m)	فأر
rata (f)	ʒurað (m)	جرذ
murciélago (m)	χuffāʃ (m)	خفّاش
armiño (m)	qāqum (m)	قاقم
cebellina (f)	sammūr (m)	سمّور
marta (f)	dalaq (m)	دلق
comadreja (f)	ibn ʻirs (m)	إبن عرس
visón (m)	mink (m)	منك

castor (m)	qundus (m)	قندس
nutria (f)	quḍā'a (f)	قضاعة
caballo (m)	ḥiṣān (m)	حصان
alce (m)	mūẓ (m)	موظ
ciervo (m)	ayyil (m)	أيّل
camello (m)	ʒamal (m)	جمل
bisonte (m)	bisūn (m)	بيسون
uro (m)	θawr barriy (m)	ثور برّي
búfalo (m)	ʒāmūs (m)	جاموس
cebra (f)	ḥimār zarad (m)	حمار زرد
antílope (m)	ẓabiy (m)	ظبي
corzo (m)	yaḥmūr (m)	يحمور
gamo (m)	ayyil asmar urubbiy (m)	أيّل أسمر أوروبيّ
gamuza (f)	ʃamwāh (f)	شامواه
jabalí (m)	xinzīr barriy (m)	خنزير برّي
ballena (f)	ḥūt (m)	حوت
foca (f)	fuqma (f)	فقمة
morsa (f)	faẓẓ (m)	فظّ
oso (m) marino	fuqmat al firā' (f)	فقمة الفراء
delfín (m)	dilfīn (m)	دلفين
oso (m)	dubb (m)	دبّ
oso (m) blanco	dubb quṭbiy (m)	دبّ قطبيّ
panda (f)	bānda (m)	باندا
mono (m)	qird (m)	قرد
chimpancé (m)	ʃimbanzi (m)	شيمبانزي
orangután (m)	urangutān (m)	أورنغوتان
gorila (m)	ɣurīlla (f)	غوريلا
macaco (m)	qird al makāk (m)	قرد المكاك
gibón (m)	ʒibbūn (m)	جيبون
elefante (m)	fīl (m)	فيل
rinoceronte (m)	xartīt (m)	خرتيت
jirafa (f)	zarāfa (f)	زرافة
hipopótamo (m)	faras an nahr (m)	فرس النهر
canguro (m)	kanɣar (m)	كنغر
koala (f)	kuala (f)	كوالا
mangosta (f)	nims (m)	نمس
chinchilla (f)	ʃinʃīla (f)	شنشيلة
mofeta (f)	ẓaribān (m)	ظربان
espín (m)	nīṣ (m)	نيص

137. Los animales domésticos

gata (f)	qiṭṭa (f)	قطّة
gato (m)	ðakar al qiṭṭ (m)	ذكر القطّ
perro (m)	kalb (m)	كلب

caballo (m)	ḥiṣān (m)	حصان
garañón (m)	faḥl al xayl (m)	فحل الخيل
yegua (f)	unθa al faras (f)	أنثى الفرس
vaca (f)	baqara (f)	بقرة
toro (m)	θawr (m)	ثور
buey (m)	θawr (m)	ثور
oveja (f)	xarūf (f)	خروف
carnero (m)	kabʃ (m)	كبش
cabra (f)	māʿiz (m)	ماعز
cabrón (m)	ðakar al māʿið (m)	ذكر الماعز
asno (m)	ḥimār (m)	حمار
mulo (m)	baɣl (m)	بغل
cerdo (m)	xinzīr (m)	خنزير
cerdito (m)	xannūṣ (m)	خنّوص
conejo (m)	arnab (m)	أرنب
gallina (f)	daʒāʒa (f)	دجاجة
gallo (m)	dīk (m)	ديك
pato (m)	baṭṭa (f)	بطّة
ánade (m)	ðakar al baṭṭ (m)	ذكر البطّ
ganso (m)	iwazza (f)	إوزّة
pavo (m)	dīk rūmiy (m)	ديك روميّ
pava (f)	daʒāʒ rūmiy (m)	دجاج روميّ
animales (m pl) domésticos	ḥayawānāt dawāʒin (pl)	حيوانات دواجن
domesticado (adj)	alīf	أليف
domesticar (vt)	allaf	ألّف
criar (vt)	rabba	ربّى
granja (f)	mazraʿa (f)	مزرعة
aves (f pl) de corral	ṭuyūr dāʒina (pl)	طيور داجنة
ganado (m)	māʃiya (f)	ماشية
rebaño (m)	qaṭīʿ (m)	قطيع
caballeriza (f)	isṭabl xayl (m)	إسطبل خيل
porqueriza (f)	ḥaẓīrat al xanāzīr (f)	حظيرة الخنازير
vaquería (f)	zirībat al baqar (f)	زريبة البقر
conejal (m)	qunn al arānib (m)	قنّ الأرانب
gallinero (m)	qunn ad daʒāʒ (m)	قنّ الدجاج

138. Los pájaros

pájaro (m)	ṭāʾir (m)	طائر
paloma (f)	ḥamāma (f)	حمامة
gorrión (m)	ʿuṣfūr (m)	عصفور
carbonero (m)	qurquf (m)	قرقف
urraca (f)	ʿaqʿaq (m)	عقعق
cuervo (m)	ɣurāb aswad (m)	غراب أسود

corneja (f)	ɣurāb (m)	غراب
chova (f)	zāɣ (m)	زاغ
grajo (m)	ɣurāb al qayẓ (m)	غراب القيظ
pato (m)	baṭṭa (f)	بطة
ganso (m)	iwazza (f)	إوزة
faisán (m)	tadarruʒ (m)	تدرج
águila (f)	nasr (m)	نسر
azor (m)	bāz (m)	باز
halcón (m)	ṣaqr (m)	صقر
buitre (m)	raχam (m)	رخم
cóndor (m)	kundūr (m)	كندور
cisne (m)	timma (m)	تمّة
grulla (f)	kurkiy (m)	كركي
cigüeña (f)	laqlaq (m)	لقلق
loro (m), papagayo (m)	babaɣā' (m)	ببغاء
colibrí (m)	ṭannān (m)	طنّان
pavo (m) real	ṭāwūs (m)	طاووس
avestruz (m)	na'āma (f)	نعامة
garza (f)	balaʃūn (m)	بلشون
flamenco (m)	nuḥām wardiy (m)	نحام وردي
pelícano (m)	baʒa'a (f)	بجعة
ruiseñor (m)	bulbul (m)	بلبل
golondrina (f)	sunūnū (m)	سنونو
tordo (m)	sumna (m)	سمنة
zorzal (m)	summuna muɣarrida (m)	سمنة مغرِّدة
mirlo (m)	ʃaḥrūr aswad (m)	شحرور أسود
vencejo (m)	samāma (m)	سمامة
alondra (f)	qubbara (f)	قبّرة
codorniz (f)	sammān (m)	سمّان
pájaro carpintero (m)	naqqār al χaʃab (m)	نقّار الخشب
cuco (m)	waqwāq (m)	وقواق
lechuza (f)	būma (f)	بومة
búho (m)	būm urāsiy (m)	بوم أوراسيّ
urogallo (m)	dīk il χalanʒ (m)	ديك الخلنج
gallo lira (m)	ṭayhūʒ aswad (m)	طيهوج أسود
perdiz (f)	ḥaʒal (m)	حجل
estornino (m)	zurzūr (m)	زرزور
canario (m)	kanāriy (m)	كناريّ
ortega (f)	ṭayhūʒ il bunduq (m)	طيهوج البندق
pinzón (m)	ʃurʃūr (m)	شرشور
camachuelo (m)	diχnāʃ (m)	دغناش
gaviota (f)	nawras (m)	نورس
albatros (m)	al qaṭras (m)	القطرس
pingüino (m)	biṭrīq (m)	بطريق

139. Los peces. Los animales marinos

brema (f)	abramīs (m)	أبراميس
carpa (f)	ʃabbūṭ (m)	شبّوط
perca (f)	farχ (m)	فرخ
siluro (m)	qarmūṭ (m)	قرموط
lucio (m)	samak al karāki (m)	سمك الكراكي

salmón (m)	salmūn (m)	سلمون
esturión (m)	ḥaʃʃ (m)	حفش

arenque (m)	rinʒa (f)	رنجة
salmón (m) del Atlántico	salmūn aṭlasiy (m)	سلمون أطلسيّ
caballa (f)	usqumriy (m)	أسقمريّ
lenguado (m)	samak mufalṭaḥ (f)	سمك مفلطح

lucioperca (f)	samak sandar (m)	سمك سندر
bacalao (m)	qudd (m)	قدّ
atún (m)	tūna (f)	تونة
trucha (f)	salmūn muraqqaṭ (m)	سلمون مرقّط

anguila (f)	ḥankalīs (m)	حنكليس
raya (f) eléctrica	ra"ād (m)	رعّاد
morena (f)	murāy (m)	موراي
piraña (f)	birāna (f)	بيرانا

tiburón (m)	qirʃ (m)	قرش
delfín (m)	dilfīn (m)	دلفين
ballena (f)	ḥūt (m)	حوت

centolla (f)	salṭaʿūn (m)	سلطعون
medusa (f)	qindīl al baḥr (m)	قنديل البحر
pulpo (m)	uχṭubūṭ (m)	أخطبوط

estrella (f) de mar	naʒmat al baḥr (f)	نجمة البحر
erizo (m) de mar	qumfuð al baḥr (m)	قنفذ البحر
caballito (m) de mar	ḥiṣān al baḥr (m)	فرس البحر

ostra (f)	maḥār (m)	محار
camarón (m)	ʒambari (m)	جمبريّ
bogavante (m)	istakūza (f)	إستكوزا
langosta (f)	karkand ʃāik (m)	كركند شائك

140. Los anfibios. Los reptiles

serpiente (f)	θuʿbān (m)	ثعبان
venenoso (adj)	sāmm	سامّ

víbora (f)	afʿa (f)	أفعى
cobra (f)	kūbra (m)	كوبرا
pitón (m)	biθūn (m)	بيثون
boa (f)	buwā' (f)	بواء
culebra (f)	θuʿbān al ʿuʃb (m)	ثعبان العشب

| serpiente (m) de cascabel | afʻa al ʒalʒala (f) | أفعى الجلجلة |
| anaconda (f) | anakūnda (f) | أناكوندا |

lagarto (m)	siḥliyya (f)	سحليّة
iguana (f)	iɣwāna (f)	إغوانة
varano (m)	waral (m)	ورل
salamandra (f)	samandar (m)	سمندر
camaleón (m)	ḥirbāʼ (f)	حرباء
escorpión (m)	ʻaqrab (m)	عقرب

tortuga (f)	sulaḥfāt (f)	سلحفاة
rana (f)	ḍifdaʻ (m)	ضفدع
sapo (m)	ḍifdaʻ aṭ ṭīn (m)	ضفدع الطين
cocodrilo (m)	timsāḥ (m)	تمساح

141. Los insectos

insecto (m)	ḥaʃara (f)	حشرة
mariposa (f)	farāʃa (f)	فراشة
hormiga (f)	namla (f)	نملة
mosca (f)	ðubāba (f)	ذبابة
mosquito (m) (picadura de ~)	namūsa (f)	ناموسة
escarabajo (m)	χunfusa (f)	خنفسة

avispa (f)	dabbūr (m)	دبّور
abeja (f)	naḥla (f)	نحلة
abejorro (m)	naḥla ṭannāna (f)	نحلة طنّانة
moscardón (m)	naʻra (f)	نعرة

| araña (f) | ʻankabūt (m) | عنكبوت |
| telaraña (f) | nasīʒ ʻankabūt (m) | نسيج عنكبوت |

libélula (f)	yaʻsūb (m)	يعسوب
saltamontes (m)	ʒarād (m)	جراد
mariposa (f) nocturna	ʼitta (f)	عتّة

cucaracha (f)	ṣurṣūr (m)	صرصور
garrapata (f)	qurāda (f)	قرادة
pulga (f)	burɣūθ (m)	برغوث
mosca (f) negra	baʻūḍa (f)	بعوضة

langosta (f)	ʒarād (m)	جراد
caracol (m)	ḥalzūn (m)	حلزون
grillo (m)	ṣarrār al layl (m)	صرّار الليل
luciérnaga (f)	yarāʻa muḍīʼa (f)	يراعة مضيئة
mariquita (f)	daʻsūqa (f)	دعسوقة
sanjuanero (m)	χunfusa kabīra (f)	خنفسة كبيرة

sanguijuela (f)	ʻalaqa (f)	علقة
oruga (f)	yasrūʻ (m)	يسروع
lombriz (m) de tierra	dūda (f)	دودة
larva (f)	yaraqa (f)	يرقة

La flora

142. Los árboles

Español	Transliteración	Árabe
árbol (m)	ʃaʒara (f)	شجرة
foliáceo (adj)	nafḍiyya	نفضيّة
conífero (adj)	ṣanawbariyya	صنوبريّة
de hoja perenne	dāʾimat al χuḍra	دائمة الخضرة
manzano (m)	ʃaʒarat tuffāḥ (f)	شجرة تفّاح
peral (m)	ʃaʒarat kummaθra (f)	شجرة كمثرى
cerezo (m), guindo (m)	ʃaʒarat karaz (f)	شجرة كرز
ciruelo (m)	ʃaʒarat barqūq (f)	شجرة برقوق
abedul (m)	batūla (f)	بتولا
roble (m)	ballūṭ (f)	بلّوط
tilo (m)	ʃaʒarat zayzafūn (f)	شجرة زيزفون
pobo (m)	ḥawr raʒrāʒ (m)	حور رجراج
arce (m)	qayqab (f)	قيقب
pícea (f)	ratinaʒ (f)	راتينج
pino (m)	ṣanawbar (f)	صنوبر
alerce (m)	arziyya (f)	أرزيّة
abeto (m)	tannūb (f)	تنّوب
cedro (m)	arz (f)	أرز
álamo (m)	ḥawr (f)	حور
serbal (m)	ɣubayrāʾ (f)	غبيراء
sauce (m)	ṣafṣāf (f)	صفصاف
aliso (m)	ʒār il māʾ (m)	جار الماء
haya (f)	zān (m)	زان
olmo (m)	dardār (f)	دردار
fresno (m)	marān (f)	مران
castaño (m)	kastanāʾ (f)	كستناء
magnolia (f)	maɣnūliya (f)	مغنوليا
palmera (f)	naχla (f)	نخلة
ciprés (m)	sarw (f)	سرو
mangle (m)	ayka sāḥiliyya (f)	أيكة ساحليّة
baobab (m)	bāubāb (f)	باوباب
eucalipto (m)	ukaliptus (f)	أوكاليبتوس
secoya (f)	siqūya (f)	سيكويا

143. Los arbustos

Español	Transliteración	Árabe
mata (f)	ʃuʒayra (f)	شجيرة
arbusto (m)	ʃuʒayrāt (pl)	شجيرات

vid (f)	karma (f)	كرمة
viñedo (m)	karam (m)	كرم
frambueso (m)	tūt al ʻullayq al aḥmar (m)	توت العليق الأحمر
grosellero (m) rojo	kiʃmiʃ aḥmar (m)	كشمش أحمر
grosellero (m) espinoso	ʻinab aθ θaʻlab (m)	عنب الثعلب
acacia (f)	sanṭ (f)	سنط
berberís (m)	amīr barīs (m)	أمير باريس
jazmín (m)	yāsmīn (m)	ياسمين
enebro (m)	ʻarʻar (m)	عرعر
rosal (m)	ʃuʒayrat ward (f)	شجيرة ورد
escaramujo (m)	ward ʒabaliy (m)	ورد جبلي

144. Las frutas. Las bayas

fruto (m)	θamra (f)	ثمرة
frutos (m pl)	θamr (m)	ثمر
manzana (f)	tuffāḥa (f)	تفاحة
pera (f)	kummaθra (f)	كمّثرى
ciruela (f)	barqūq (m)	برقوق
fresa (f)	farawla (f)	فراولة
guinda (f), cereza (f)	karaz (m)	كرز
uva (f)	ʻinab (m)	عنب
frambuesa (f)	tūt al ʻullayq al aḥmar (m)	توت العليق الأحمر
grosella (f) negra	ʻinab aθ θaʻlab al aswad (m)	عنب الثعلب الأسود
grosella (f) roja	kiʃmiʃ aḥmar (m)	كشمش أحمر
grosella (f) espinosa	ʻinab aθ θaʻlab (m)	عنب الثعلب
arándano (m) agrio	tūt aḥmar barriy (m)	توت أحمر برّي
naranja (f)	burtuqāl (m)	برتقال
mandarina (f)	yūsufiy (m)	يوسفي
piña (f)	ananās (m)	أناناس
banana (f)	mawz (m)	موز
dátil (m)	tamr (m)	تمر
limón (m)	laymūn (m)	ليمون
albaricoque (m)	miʃmiʃ (m)	مشمش
melocotón (m)	durrāq (m)	دراق
kiwi (m)	kiwi (m)	كيوي
toronja (f)	zinbāʻ (m)	زنباع
baya (f)	ḥabba (f)	حبّة
bayas (f pl)	ḥabbāt (pl)	حبّات
arándano (m) rojo	ʻinab aθ θawr (m)	عنب الثور
fresa (f) silvestre	farāwla barriyya (f)	فراولة برّية
arándano (m)	ʻinab al aḥrāʒ (m)	عنب الأحراج

145. Las flores. Las plantas

flor (f)	zahra (f)	زهرة
ramo (m) de flores	bāqat zuhūr (f)	باقة زهور
rosa (f)	warda (f)	وردة
tulipán (m)	tulīb (f)	توليب
clavel (m)	qurumful (m)	قرنفل
gladiolo (m)	dalbūθ (f)	دلبوث
aciano (m)	turunʃāh (m)	ترنشاه
campanilla (f)	ʒarīs (m)	جريس
diente (m) de león	hindibā' (f)	هندباء
manzanilla (f)	babunʒ (m)	بابونج
áloe (m)	aluwwa (m)	ألوَة
cacto (m)	ṣabbār (m)	صبَّار
ficus (m)	tīn (m)	تين
azucena (f)	sawsan (m)	سوسن
geranio (m)	ibrat ar rā'i (f)	إبرة الراعي
jacinto (m)	zanbaq (f)	زنبق
mimosa (f)	mimūza (f)	ميموزا
narciso (m)	narʒis (m)	نرجس
capuchina (f)	abu xanʒar (f)	أبو خنجر
orquídea (f)	saḥlab (f)	سحلب
peonía (f)	fawniya (f)	فاونيا
violeta (f)	banafsaʒ (f)	بنفسج
trinitaria (f)	banafsaʒ muθallaθ (m)	بنفسج مثلَّث
nomeolvides (f)	'āðān al fa'r (pl)	آذان الفأر
margarita (f)	uqḥuwān (f)	أقحوان
amapola (f)	xaʃxāʃ (f)	خشخاش
cáñamo (m)	qinnab (m)	قنب
menta (f)	na'nā' (m)	نعناع
muguete (m)	sawsan al wādi (m)	سوسن الوادي
campanilla (f) de las nieves	zahrat al laban (f)	زهرة اللبن
ortiga (f)	qarrāṣ (m)	قرَّاص
acedera (f)	ḥammāḍ (m)	حمَّاض
nenúfar (m)	nilūfar (m)	نيلوفر
helecho (m)	saraxs (m)	سرخس
liquen (m)	uʃna (f)	أشنة
invernadero (m) tropical	dafī'a (f)	دفيئة
césped (m)	'uʃb (m)	عشب
macizo (m) de flores	ʒunaynat zuhūr (f)	جنينة زهور
planta (f)	nabāt (m)	نبات
hierba (f)	'uʃb (m)	عشب
hoja (f) de hierba	'uʃba (f)	عشبة

hoja (f)	waraqa (f)	ورقة
pétalo (m)	waraqat az zahra (f)	ورقة الزهرة
tallo (m)	sāq (f)	ساق
tubérculo (m)	darnat nabāt (f)	درنة نبات
retoño (m)	nabta sayīra (f)	نبتة صغيرة
espina (f)	ʃawka (f)	شوكة
florecer (vi)	nawwar	نوّر
marchitarse (vr)	ðabal	ذبل
olor (m)	rā'iḥa (f)	رائحة
cortar (vt)	qataʿ	قطع
coger (una flor)	qataf	قطف

146. Los cereales, los granos

grano (m)	ḥubūb (pl)	حبوب
cereales (m pl) (plantas)	maḥāṣīl al ḥubūb (pl)	محاصيل الحبوب
espiga (f)	sumbula (f)	سنبلة
trigo (m)	qamḥ (m)	قمح
centeno (m)	ʒāwdār (m)	جاودار
avena (f)	ʃūfān (m)	شوفان
mijo (m)	duxn (m)	دخن
cebada (f)	ʃaʿīr (m)	شعير
maíz (m)	ðura (f)	ذرة
arroz (m)	urz (m)	أرز
alforfón (m)	ḥinṭa sawdā' (f)	حنطة سوداء
guisante (m)	bisilla (f)	بسلة
fréjol (m)	faṣūliya (f)	فاصوليا
soya (f)	fūl aṣ ṣūya (m)	فول الصويا
lenteja (f)	ʿadas (m)	عدس
habas (f pl)	fūl (m)	فول

LOS PAÍSES. LAS NACIONALIDADES

147. Europa occidental

Español	Transliteración	Árabe
Europa (f)	urūbba (f)	أوروبًا
Unión (f) Europea	al ittiḥād al urubbiy (m)	الإتّحاد الأوروبيّ
Austria (f)	an nimsa (f)	النمسا
Gran Bretaña (f)	briṭāniya al ʿuẓma (f)	بريطانيا العظمى
Inglaterra (f)	inʒiltirra (f)	إنجلترا
Bélgica (f)	balʒīka (f)	بلجيكا
Alemania (f)	almāniya (f)	ألمانيا
Países Bajos (m pl)	hulanda (f)	هولندا
Holanda (f)	hulanda (f)	هولندا
Grecia (f)	al yūnān (f)	اليونان
Dinamarca (f)	ad danimārk (f)	الدانمارك
Irlanda (f)	irlanda (f)	أيرلندا
Islandia (f)	ʾāyslanda (f)	آيسلندا
España (f)	isbāniya (f)	إسبانيا
Italia (f)	iṭāliya (f)	إيطاليا
Chipre (m)	qubruṣ (f)	قبرص
Malta (f)	malṭa (f)	مالطا
Noruega (f)	an nirwīʒ (f)	النرويج
Portugal (m)	al burtuɣāl (f)	البرتغال
Finlandia (f)	finlanda (f)	فنلندا
Francia (f)	faransa (f)	فرنسا
Suecia (f)	as suwayd (f)	السويد
Suiza (f)	swīsra (f)	سويسرا
Escocia (f)	iskutlanda (f)	اسكتلندا
Vaticano (m)	al vatikān (m)	الفاتيكان
Liechtenstein (m)	liʃtinʃtāyn (m)	ليشتنشتاين
Luxemburgo (m)	luksimburɣ (f)	لوكسمبورغ
Mónaco (m)	munāku (f)	موناكو

148. Europa central y oriental

Español	Transliteración	Árabe
Albania (f)	albāniya (f)	ألبانيا
Bulgaria (f)	bulɣāriya (f)	بلغاريا
Hungría (f)	al maʒar (f)	المجر
Letonia (f)	lātviya (f)	لاتفيا
Lituania (f)	litwāniya (f)	ليتوانيا
Polonia (f)	bulanda (f)	بولندا

Rumania (f)	rumāniya (f)	رومانيا
Serbia (f)	ṣirbiya (f)	صربيا
Eslovaquia (f)	sluvākiya (f)	سلوفاكيا

Croacia (f)	kruātiya (f)	كرواتيا
Chequia (f)	atʃ tʃīk (f)	التشيك
Estonia (f)	istūniya (f)	إستونيا

Bosnia y Herzegovina	al busna wal hirsuk (f)	البوسنة والهرسك
Macedonia	maqdūniya (f)	مقدونيا
Eslovenia	sluvīniya (f)	سلوفينيا
Montenegro (m)	al ʒabal al aswad (m)	الجبل الأسود

149. Los países de la antes Unión Soviética

| Azerbaiyán (m) | aðarbiʒān (m) | أذربيجان |
| Armenia (f) | armīniya (f) | أرمينيا |

Bielorrusia (f)	bilarūs (f)	بيلاروس
Georgia (f)	ʒūrʒiya (f)	جورجيا
Kazajstán (m)	kazaχstān (f)	كازاخستان
Kirguizistán (m)	qirɣizistān (f)	قيرغيزستان
Moldavia (f)	muldāviya (f)	مولدافيا

| Rusia (f) | rūsiya (f) | روسيا |
| Ucrania (f) | ukrāniya (f) | أوكرانيا |

Tayikistán (m)	taʒīkistān (f)	طاجيكستان
Turkmenistán (m)	turkmānistān (f)	تركمانستان
Uzbekistán (m)	uzbikistān (f)	أوزبكستان

150. Asia

Asia (f)	'āsiya (f)	آسيا
Vietnam (m)	vitnām (f)	فيتنام
India (f)	al hind (f)	الهند
Israel (m)	isrāʔīl (f)	إسرائيل

China (f)	aṣ ṣīn (f)	الصين
Líbano (m)	lubnān (f)	لبنان
Mongolia (f)	manɣūliya (f)	منغوليا

| Malasia (f) | malīziya (f) | ماليزيا |
| Pakistán (m) | bakistān (f) | باكستان |

Arabia (f) Saudita	as saʿūdiyya (f)	السعوديّة
Tailandia (f)	taylānd (f)	تايلند
Taiwán (m)	taywān (f)	تايوان
Turquía (f)	turkiya (f)	تركيا

| Japón (m) | al yabān (f) | اليابان |
| Afganistán (m) | afɣanistān (f) | أفغانستان |

Bangladesh (m)	banʒladīʃ (f)	بنجلاديش
Indonesia (f)	indunīsiya (f)	إندونيسيا
Jordania (f)	al urdun (m)	الأردن
Irak (m)	al 'irāq (m)	العراق
Irán (m)	ʾīrān (f)	إيران
Camboya (f)	kambūdya (f)	كمبوديا
Kuwait (m)	al kuwayt (f)	الكويت
Laos (m)	lawus (f)	لاوس
Myanmar (m)	myanmār (f)	ميانمار
Nepal (m)	nibāl (f)	نيبال
Emiratos (m pl) Árabes Unidos	al imārāt al 'arabiyya al muttaḥida (pl)	الإمارات العربيّة المتّحدة
Siria (f)	sūriya (f)	سوريا
Palestina (f)	filisṭīn (f)	فلسطين
Corea (f) del Sur	kuriya al ʒanūbiyya (f)	كوريا الجنوبيّة
Corea (f) del Norte	kūria aʃ ʃimāliyya (f)	كوريا الشماليّة

151. América del Norte

Estados Unidos de América (m pl)	al wilāyāt al muttaḥida al amrīkiyya (pl)	الولايات المتّحدة الأمريكيّة
Canadá (f)	kanada (f)	كندا
Méjico (m)	al maksīk (f)	المكسيك

152. Centroamérica y Sudamérica

Argentina (f)	arʒantīn (f)	الأرجنتين
Brasil (m)	al brazīl (f)	البرازيل
Colombia (f)	kulumbiya (f)	كولومبيا
Cuba (f)	kūba (f)	كوبا
Chile (m)	tʃīli (f)	تشيلي
Bolivia (f)	bulīviya (f)	بوليفيا
Venezuela (f)	vinizwiyla (f)	فنزويلا
Paraguay (m)	baraywāy (f)	باراغواي
Perú (m)	biru (f)	بيرو
Surinam (m)	surinām (f)	سورينام
Uruguay (m)	uruɣwāy (f)	الأوروغواي
Ecuador (m)	al iqwadūr (f)	الإكوادور
Islas (f pl) Bahamas	ʒuzur bahāmas (pl)	جزر باهاماس
Haití (m)	haīti (f)	هايتي
República (f) Dominicana	ʒumhūriyyat ad duminikan (f)	جمهوريّة الدومينيكان
Panamá (f)	banama (f)	بنما
Jamaica (f)	ʒamāyka (f)	جامايكا

153. África

Egipto (m)	miṣr (f)	مصر
Marruecos (m)	al maɣrib (m)	المغرب
Túnez (m)	tūnis (f)	تونس

Ghana (f)	ɣāna (f)	غانا
Zanzíbar (m)	zanʒibār (f)	زنجبار
Kenia (f)	kiniya (f)	كينيا
Libia (f)	lībiya (f)	ليبيا
Madagascar (m)	madaɣaʃqar (f)	مدغشقر

Namibia (f)	namībiya (f)	ناميبيا
Senegal (m)	as siniɣāl (f)	السنغال
Tanzania (f)	tanzāniya (f)	تنزانيا
República (f) Sudafricana	ʒumhūriyyat afrīqiya al ʒanūbiyya (f)	جمهوريّة أفريقيا الجنوبيّة

154. Australia. Oceanía

| Australia (f) | usturāliya (f) | أستراليا |
| Nueva Zelanda (f) | nyu zilanda (f) | نيوزيلندا |

| Tasmania (f) | tasmāniya (f) | تاسمانيا |
| Polinesia (f) Francesa | bulinīziya al faransiyya (f) | بولينزيا الفرنسيّة |

155. Las ciudades

Ámsterdam	amstirdām (f)	أمستردام
Ankara	anqara (f)	أنقرة
Atenas	aθīna (f)	أثينا

Bagdad	baɣdād (f)	بغداد
Bangkok	bankūk (f)	بانكوك
Barcelona	barʃalūna (f)	برشلونة
Beirut	bayrūt (f)	بيروت
Berlín	birlīn (f)	برلين

Mumbai	bumbāy (f)	بومباي
Bonn	būn (f)	بون
Bratislava	bratislāva (f)	براتيسلافا
Bruselas	brūksil (f)	بروكسل
Bucarest	buxarist (f)	بوخارست
Budapest	budabist (f)	بودابست
Burdeos	burdu (f)	بوردو

El Cairo	al qāhira (f)	القاهرة
Calcuta	kalkutta (f)	كلكتا
Chicago	ʃikāɣu (f)	شيكاغو
Copenhague	kubinhāʒin (f)	كوبنهاجن
Dar-es-Salam	dar as salām (f)	دار السلام

Delhi	dilhi (f)	دلهي
Dubai	dibay (f)	دبي
Dublín	dablin (f)	دبلن
Dusseldorf	dusildurf (f)	دوسلدورف
Estambul	istanbūl (f)	إسطنبول
Estocolmo	stukhūlm (f)	ستوكهولم
Florencia	flurinsa (f)	فلورنسا
Fráncfort del Meno	frankfurt (f)	فرانكفورت
Ginebra	ʒinīv (f)	جنيف
La Habana	havāna (f)	هافانا
Hamburgo	hamburɣ (m)	هامبورغ
Hanói	hanuy (f)	هانوى
La Haya	lahāy (f)	لاهاى
Helsinki	hilsinki (f)	هلسنكي
Hiroshima	hiruʃīma (f)	هيروشيما
Hong Kong	hunɣ kunɣ (f)	هونغ كونغ
Jerusalén	al quds (f)	القدس
Kiev	kiyiv (f)	كييف
Kuala Lumpur	kuala lumpur (f)	كوالالمبور
Lisboa	liʃbūna (f)	لشبونة
Londres	lundun (f)	لندن
Los Ángeles	lus anʒilis (f)	لوس أنجلوس
Lyon	liyūn (f)	ليون
Madrid	madrīd (f)	مدريد
Marsella	marsīliya (f)	مرسيليا
Ciudad de México	madīnat maksiku (f)	مدينة مكسيكو
Miami	mayāmi (f)	ميامي
Montreal	muntriyāl (f)	مونتريال
Moscú	musku (f)	موسكو
Múnich	myūniχ (f)	ميونخ
Nairobi	nayrūbi (f)	نيروبي
Nápoles	nabuli (f)	نابولي
Niza	nīs (f)	نيس
Nueva York	nyu yūrk (f)	نيويورك
Oslo	uslu (f)	أوسلو
Ottawa	uttawa (f)	أوتاوا
París	barīs (f)	باريس
Pekín	bikīn (f)	بيكين
Praga	brāɣ (f)	براغ
Río de Janeiro	riu di ʒaniyru (f)	ريو دي جانيرو
Roma	rūma (f)	روما
San Petersburgo	sant bitirsburɣ (f)	سانت بطرسبرغ
Seúl	siūl (f)	سيول
Shanghái	ʃanɣhāy (f)	شانغهاي
Singapur	sinɣafūra (f)	سنغافورة
Sydney	sidniy (f)	سيدني
Taipei	taybay (f)	تايبيه
Tokio	ṭukyu (f)	طوكيو

Toronto	turūntu (f)	تورونتو
Varsovia	warsaw (f)	وارسو
Venecia	al bunduqiyya (f)	البندقيّة
Viena	vyīna (f)	فيينا
Washington	wāʃinṭun (f)	واشنطن

www.ingramcontent.com/pod-product-compliance
Lightning Source LLC
Chambersburg PA
CBHW070602050426
42450CB00011B/2945